# NAMASTE *Ayurveda*

## DAS SPIRITUELLE HEILKUNST BUCH

Der indische Ratgeber für Entspannung, Yoga und Meditation - eine neue Psychologie für positives Denken, gesunde Ernährung und Fitness | inklusive gratis online Kochbuch

ULRIKE BAUMGARTNER

**Bibliografische Information der Deutschen Nationalbibliothek**
Die Deutsche Nationalbibliothek verzeichnet diese Publikation in der Deutschen Nationalbibliografie; detaillierte bibliografische Daten sind im Internet über **http://d-nb.de** abrufbar.

Wir sind ein relativ junger Verlag und sehr dankbar für jede Art von Feedback. Sollten Sie daher **Anregungen oder Fragen** haben, würden wir uns sehr freuen, von Ihnen zu lesen.
**info@cherrymedia.de**

Originale Erstauflage



978-3-96829-008-9 Taschenbuch
978-3-96829-009-6 Hardcover
978-3-96829-010-2 Audio CD
978-3-96829-011-9 Kindle eBook

**Redaktion:** Reinhardt Bleikolm, Ing. Matthias Pajek
**Korrekturat:** Lana Kramer
**Druck/Auslieferung:** WIRmachenDRUCK, Backnang-Waldrems, Deutschland

**Impressum:**
Cherry Media GmbH
Bräugasse 9
94469 Deggendorf
Deutschland

*Weitere Informationen zum Verlag finden Sie unter:*
www.cherrymedia.de
*Wir wünschen viel Vergnügen beim Lesen!*

# NAMASTE
# *Ayurveda*

DAS SPIRITUELLE
HEILKUNST BUCH

Spiritual Health

## Lieber Leser!

Ich sage herzlich Willkommen in meiner Welt und Namaste. Mit meinem neuen Buch, das ich meinen treuen Lesern schon längst versprochen habe, entführe ich dich in das magische Ayurveda-Universum. Wie all meine Bücher soll auch dieses wieder sehr persönlich werden und du wirst viel über meine persönlichen Erfahrungen mit Ayurveda mitbekommen. Ich erzähle dir, wie mir Ayurveda in meinem täglichen Leben hilft und wie ich es in den Alltag integriere. Du erfährst, wie du mit Ayurveda gesund bleiben kannst und damit auf deine psychische und physische Gesundheit achten kannst. Wir machen auch einen kleinen Ausflug in die Küche, auch wenn dieses Buch kein klassisches Ayurveda-Kochbuch ist, denn dafür habe ich ein eigenes Kochbuch geschrieben.

Ich sage herzlichen Dank, dass ich mit meinen „Weisheiten“ wieder zu dir auf die Couch kommen darf und hoffe, dass du auch mit diesem Buch wieder viel Spaß haben wirst. Auf einige gemeinsame schöne Stunden, deine Ulli.

P.S.: Wie immer würde ich mich freuen, wenn du mich auf meiner Autorenseite „Ulli Baumgartner“ auf Facebook besuchst. Dort habe ich natürlich immer ein offenes Ohr für Fragen und auch für konstruktive Kritik. Du findest dort immer wieder Tipps und Tricks für ein gesundes, fröhliches und sorgenfreies Leben. Zudem kannst du dich dort mit Gleichgesinnten austauschen und wir können garantiert alle voneinander profitieren und lernen.

Ulli Baumgartner

# Inhaltsverzeichnis

# Kostenfreies e-Book & Audiobook inklusive

Beim Kauf jedes Taschenbuches von Spiritual Health ist das **e-Book**, **spannende Bonusinhalte** sowie das **Audiobook kostenfrei** für Sie **inkludiert**. Gehen Sie dazu einfach auf

**https://link.cherrymedia.de/EPUB**

oder scannen Sie den abgebildeten QR Code. Auf der Website können Sie dann Ihren einmalig gültigen Zugangscode eingeben.

Den **Zugangscode** zu Ihrem kostenfreien eBook, Audiobook und zu den Bonusinhalten finden Sie auf der Seite: **155.**

Wir wünschen **viel Freude** mit Ihren **kostenfreien** Inhalten!

Haben Sie Fragen zu Ihrem e-Book? Wir sind gerne für Sie da!

Sie erreichen Sie uns unter info@cherrymedia.de

# Vorwort

Wie bei allen meinen Büchern geht es auch in diesem Buch wieder um ein Thema, das mich persönlich sehr interessiert, bewegt und prägt. Ich bin jedoch kein Arzt und kann dir nur Ratschläge und Tipps geben, die bei mir sehr gut geholfen haben oder die bei Freunden und Bekannten gut anschlagen. Ich habe Kurse in Ayurveda gemacht, mein Buch sollte jedoch keinen Besuch beim Arzt oder Therapeuten ersetzen. Es dient lediglich dazu, dass du dich für das Thema interessieren lernst und deinen Körper besser verstehst und auf ihn hörst. Du kannst mit Ayurveda viele kleine und größere Unpässlichkeiten ausgleichen. Vor allen ist Ayurveda dazu da, Körper, Geist und Seele gesund zu halten und gar nicht erst krank zu werden.

Ich bin mit Ayurveda bereits in sehr jungen Jahren, also als Kind, in Berührung gekommen. Das habe ich meinen Eltern zu verdanken, die uns Kinder schon immer einmal im Jahr mit auf große Reise mitgenommen hatten. So durfte ich schon mit 12 Jahren in Asien die Kultur, die Religion, aber auch die verschiedensten Lebensweisen und Heilmethoden kennenlernen. Ich war damals schon in Thailand verliebt und verschlang nach dem Urlaub alles, das nur annähernd mit Asien zu tun hatte. So stieß ich auf Ayurveda.

Diese alte, indische Heilkunst und die damit verbundene Kunst zu leben und zu genießen faszinierte mich von absolut angetan und nachdem ich auch damals schon gerne meditierte und Yoga machte, passte dies ebenfalls perfekt. Von meiner Großmutter und meiner Mutter habe ich die Faszination und das Interesse für Naturheilkunde geerbt und auch diese wird durch Ayurveda abgedeckt. Zudem gibt es tolle Kosmetik und Schönheitstipps im Ayurveda. Also wurde meine Welt durch Ayurveda perfekt und ist es auch heute noch.

Natürlich lebe ich nicht den absoluten Ayurveda-Lifestyle. Doch in vielen Momenten greife ich im täglichen Leben darauf zurück. Egal, ob einer meiner Hunde krank ist, ob sich mein Mann die Hand verbrannt hat oder einer meiner Freunde Bauchschmerzen hat – im Ayurveda gibt es immer eine rasche und wirksame Heilmethode.

Falls du mich und meine Bücher kennst, dann weißt du vielleicht auch, dass ich Krebs habe und diesem auf rein natürlichem Weg auf die Pelle rücke. Ayurveda ist da ebenfalls eine große Unterstützung und mit ein Grund, dass es mit so gut geht. Ich lebe auf meine Art ein wirklich beschwerdefreies und glückliches Leben und lasse mich von dieser Krankheit auch nicht aus dem Konzept bringen. Ayurveda ist für mich auch ein Stück Lebensqualität. Auch mental stärkt Ayurveda ungemein.

Daher will ich dich nun gar nicht mehr länger auf die Folter spannen und wir legen gleich los. Mach es dir gemütlich und tritt ein in die spannende und vielfältige Welt der Ayurveda-Kunst. Denk beim Lesen an duftende Kräuter, Gewürze und Öle und entspanne dich. Sobald ich das Wort Ayurveda höre, steigt mir sofort der Duft von Kardamom, Zimt und Ingwer in die Nase. Dies sind die Gewürze, die ich mit Wohlbehagen verbinde. Somit tut mir alleine der Gedanke an Ayurveda gut und ich hoffe, dir geht es bald ebenso. Ich wünsche dir viel Spaß beim Lesen und einen guten Erfolg dabei, wenn du deine ersten Schritte mit Ayurveda wagst, egal ob in der Küche, in der Kosmetik oder auf gesundheitlicher Ebene.

Bevor du zu lesen, zu lernen und zu arbeiten beginnst, bereite dich jedoch etwas vor. Bei meinen Büchern benötigst du eigentlich nur zwei Utensilien und wer mich bereits kennt, der wird garantiert schon mit seinem Tagebuch oder einem Notizblock und einem Stift gerüstet sein. Ich habe immer kleine Übungen oder wichtige Dinge in meinen Büchern, die du dir unbedingt schriftlich notieren solltest. Es ist kein Muss, es wird dir aber dadurch viel leichter fallen, alles zu verstehen und später auch umzusetzen.

Ich bin ohnehin ein großer Fan von Tagebüchern. Auch auf die Gefahr hin, dass ich mich für einige schon wiederhole: Ein Tagebuch ist für mich wie ein Freund. Ich habe zu sämtlichen Themen schön gebundene Bücher, die bei mir im Bücherregal stehen und die ich immer wieder erweitere. Ein oder zwei Tagebücher begleiten mich auch ständig auf Reisen, weil es immer etwas gibt, das sich zu notieren lohnt. Niemals fehlen darf mein Dankbarkeitstagebuch und meist hab ich ein zweites, schön gebundenes Buch mit, in welches ich schöne Eindrücke schreibe oder Dinge, Sprüche oder auch Rezepte, die ich auf Reisen kennenlerne.

Du kannst dir natürlich auch eine Datei auf deinem Laptop oder auf dem Computer anlegen. Ich finde persönlich aber die Idee mit dem Tagebuch schöner, da ich aber auch Handschriften liebe. Zudem kann es auch sein, dass ich zum Beispiel einen Schnappschuss, eine Eintrittskarte oder eine Ansichtskarte meiner Reisen ins Tagebuch klebe.

# Was ist Ayurveda?

Ayurveda ist eine alte, indische Lehre und aus dem Sanskrit übersetzt bedeutet Ayurveda „Das Wissen vom Leben“. Ayus ist das Leben und Veda bedeutet Wissen. Alleine die Übersetzung verrät dir jetzt schon, dass es sich hierbei um mehr handelt, als nur um eine gute, aromatische und gesunde Küche und vielleicht entspannende Stirngüsse mit warmem Öl.

Ayurveda ist mehr als 5.000 Jahre alt und somit die älteste übermittelte Heilkunde der Welt. Es gibt viele alternative und natürliche Heilmethoden. Ayurveda aber hebt sich von allen ab, da man hier den Mensch immer ganzheitlich betrachtet. Wenn wir heute zum Arzt gehen, so wird er nach unseren Symptomen und Beschwerden fragen, uns eventuell abhören und untersuchen und seine Medikamente verschreiben. Beim Ayurveda aber werden alle Lebensumstände analysiert. Es wird untersucht wie wir essen, wie wir leben und wie wir uns psychisch fühlen.

Das bedeutet auch, dass es hier keine universellen Medikamente gibt, sofern man bei Ayurveda von Medikamenten sprechen kann. Leiden zum Beispiel mein Mann und ich heute an Husten und gehen am selben Tag zu unserer Ayurveda-Therapeutin, so ist es für uns nicht verwunderlich, dass wir absolut unterschiedliche Heilmittel empfohlen bekommen. Auch wenn unsere Symptome und der Husten selbst identisch sind.

Dies kommt daher, da man sich im Ayurveda darauf besinnt, dass jeder Mensch ein Individuum und ganz speziell ist. Jeder Körper ist anders aufgebaut und auch das Temperament, die psychische Konstitution und vieles mehr spielen hier eine Rolle und wirken zusammen. Im Ayurveda sind auch das Selbst und der gesunde Körper untrennbar verbunden. Wer zu wenig auf sich selbst achtet, egal in welchem Bereich, der wird krank.

Ayurveda kann als universelle Philosophie - basierend auf natürlicher Heilkunde - bezeichnet werden. Körper, Geist und Seele müssen dafür stets im Einklang sein. Ayurveda ist eine Lebensphilosophie. Wenn du gesund bist, so bedeutet das, dass du eine gute Beziehung zu dir selbst und zu deinem Körper hast. Bist du krank, so hat sich in diese Beziehung irgendwo ein Wurm eingeschlichen. Um wieder gesund zu werden, müssen nun alle Lebensbereiche analysiert werden.

Svastha nennt man im Ayurveda den Zustand, wenn man ganz in sich selbst verweilt. Das A und O im Ayurveda ist auch, dass man nicht nur gesund sein sollte, man spricht hier von der Abwesenheit von Krankheit, sondern, dass wir auch bedingungslos glücklich sein müssen. Dieses bedingungslose Glück müssen wir jedoch ganz alleine durch und in uns selbst finden. Du darfst somit dein Glück von nichts und niemandem abhängig machen.

Krank machen uns - laut Ayurveda - viele Faktoren. Es reicht hier bereits, wenn wir mit diesen Faktoren in Berührung kommen. So gilt Stress als großer Auslöser für Krankheiten. Es ist statistisch erwiesen, dass Kulturen, die nach dem Ayurveda-Prinzip leben, weit weniger oft an Burnout und Depressionen leiden. Das liegt daran, dass man hier wirklich auf den Stressfaktor immens gut achtet.

Dies kann ich auch gut in der buddhistischen Kultur beobachten. Auch hier wird viel meditiert und Yoga betrieben, um Stress keine Chance zu geben. Auch bei uns in Thailand gibt es bedeutend weniger Fälle von Burnout und depressive Menschen. Zumindest unter den Einheimischen. Westliche Auswanderer leiden auch hier deutlich häufiger an Depressionen und Stress als Einheimische, weil sie sich einfach nicht vom Leistungszwang und Druck der westlichen Welt lösen können und immer noch nach alten und gewohnten Mustern leben.

Ich habe mich hier soweit adaptiert und akklimatisiert, dass Stress, Depressionen und Burnout bei mir keine Chance haben. Schlechte Lebensgewohnheiten, falsche Ernährung und das Nicht-im-Einklang-mit-den-Sinnen leben sind laut Ayurveda ebenfalls Faktoren, die uns krank machen.

Geheilt wird im Ayurveda nicht mit Medikamenten oder Operationen. In erster Linie werden durch Ayurveda die Selbstheilungskräfte aktiviert. Das mag dir jetzt vielleicht etwas skurril oder auch esoterisch vorkommen, ich kann aber aus eigener Erfahrung sprechen und sagen: es wirkt. Man muss natürlich auch konsequent dahinter sein und die Lebensweisen des Ayurvedas befolgen, als ob man eine Medizin einnehmen würde.

Geheilt wird im Ayurveda durch richtige Ernährung, durch spezielle Massagen, Yoga, Meditation, Atemtechniken, Kräutern und Gewürzen aus der Natur. So werden nicht nur Blockaden gelöst, sondern auch die eigene Energie angekurbelt, die so wieder ungehindert fließen kann.

Interessant ist auch, dass Ayurveda beinahe ausgerottet wurde. Als Indien unter die englische Kolonial-Herrschaft kam, wurde Ayurveda und die Naturheilkunde strikt verboten. Viele Bücher und Schriften wurden verbrannt und niemand durfte mehr Ayurveda praktizieren. Zum Glück konnten die alten Weisheiten teilweise versteckt und gerettet werden. Viel Wissen wurde auch mündlich überliefert und konnte auch so für die nächsten Generationen bewahrt werden.

# Die Elemente

Du kennst sicher die vier Grundelemente: Erde, Feuer, Wasser und Luft. Äther, das fünfte Elemente wird in der ayurvedischen Lehre als das Bewusstsein oder die Energie verstanden. Diese Energie spielt im Ayurveda eine wichtige Rolle. Laut dieser Lehre ist alles auf diesen fünf Elementen aufgebaut, so auch wir Menschen.

- Die Erde steht für die Eigenschaften: schwer, langsam, träge, dicht und stabil.
- Das Wasser steht für die Eigenschaften: feucht, flüssig, glatt, weich, kühl und süß.
- Das Feuer steht für die Eigenschaften: heiß, warm, hell, scharf, gelb und penetrierend.
- Die Luft steht für die Eigenschaften: leicht, schnell, kalt, rau, trocken und beweglich.
- Äther steht für die Eigenschaften: bitter, dunkel, kalt, durchdringend und fein-stofflich.

Man nennt diese fünf Elemente und ihre Eigenschaften im Ayurveda „Pancha Mahabutas". Jeder Mensch oder auch jedes Lebewesen, aber auch alles in der Natur, das viele dieser Eigenschaften aufweist, wird den jeweiligen Elementen zugewiesen. Auch du hast garantiert die ein oder anderen Eigenschaften, die voll und ganz auf dich zutreffen. Wenn du eher ein gemütlicher oder bedächtiger Mensch bist, dafür aber stabil im Leben stehst, dann kannst du dich eindeutig dem Element Erde zuordnen.

Damit wir gesund sind und bleiben, musst du nicht nur deine dir zugeordneten Elemente kennen, sondern auch die Elemente deiner Umgebung. Deine eigenen Elemente und die Elemente in deiner Umwelt müssen ebenfalls im absoluten Einklang liegen. Dies ist besonders schwierig, da sich Elemente immer im Umschwung befinden. Du änderst dich, dein Umfeld ändert sich ebenfalls und du bist nun dafür verantwortlich, dass dennoch immer eine gesunde Balance zwischen dir und der Außenwelt herrscht. Innen und außen sind im Ayurveda absolut gleichberechtigt!

Die Lehre der Elemente bildet die wichtigste Grundlage im Ayurveda. Auf dieser Säule ist alles aufgebaut.

Dem Element Erde wird zudem der Geruchssinn zugeordnet. Wasser steht für den Geschmackssinn und Feuer für das Sehen. Luft steht für unseren Tastsinn und Äther ist das Element, das unseren Gehörsinn verkörpert.

Alles Wahrnehmbare besteht aus Atomen dieser Elemente. Alles kann somit auch aus allen Elementen gleichzeitig bestehen und somit viele grundsätzliche Eigenschaften aufweisen. Meist tritt jedoch ein Element besonders in den Vordergrund.

Bezugnehmend auf diese Elemente wird versucht, mit einem Ausgleich zu behandeln. Leidest du zum Beispiel unter trockener und kalter Haut, so wird dies mit warmem Öl behandelt.

Neben den Sinnen sind die Elemente noch zusätzlich unterteilt und kategorisiert.

Erde steht nicht nur für Geruchssinn, sondern auch für Geruch, für Schwere und für die Festigkeit der Glieder. Dem Element Wasser ist nicht nur der Geschmackssinn, sondern auch Kühle, Weichheit, Geschmeidigkeit, aber auch alle Körperflüssigkeiten, wie Sperma und Speichel, zugeordnet. Das Feuer steht nicht nur für das Sehen, sondern auch für die Augen, für die visuelle Wahrnehmung, für die Hautfarbe, Wärme, Glanz, Umwandlungsenergie, Zorn, Mut und Schärfe. Luft steht nicht nur für unseren Tastsinn, sondern auch für Trockenheit, Antrieb, Aktivität, Bewegung und Leichtigkeit. Äther ist nicht nur der Gehörsinn, sondern steht auch für alle Körperöffnungen und alle Körperräume, aber auch für Feinheiten, Zwischenräume und Kanäle.

Das klingt jetzt für den Anfang total kompliziert und unübersichtlich. Mir ist es genauso ergangen und ich habe für mich eine Technik entwickelt, wie ich immer den Überblick behalten kann. Nimm nun dein Notizbuch oder am besten noch das Tagebuch zur Hand und mach dir eine schöne Tabelle zu den einzelnen Elementen und den zugeordneten Eigenschaften. So kannst du immer und jederzeit nachsehen.

Damit du dir die Einteilung auf die Elemente etwas besser vorstellen kannst, möchte ich dir hier ein Beispiel geben. Blut zum Beispiel kann allen fünf Elementen zugeschrieben werden. Der Geruch des Blutes kann dem Element Erde zugeschrieben werden. Da es eine Flüssigkeit ist, gehört es jedoch auch dem Element Wasser an. Die rote Farbe des Blutes und die Wärme besagt auch, dass Blut dem Element Feuer angehört. Blut ist jedoch auch beweglich und pulsiert durch unseren Körper – das bedeutet, es hat auch Eigenschaften des Luftelements. Die Leichtigkeit des Bluts kann auch sagen, dass es Elemente von Äther in sich trägt. Generell aber wird Blut hauptsächlich dem Element Feuer zugeschrieben. Im Ayurveda gibt es auch für unsere Ausscheidungen, Körperflüssigkeiten und für das Gewebe eine Tabelle, die du dir auch notieren solltest.

- Plasma ist Wasser
- Blut ist Feuer
- Muskeln sind Erde
- Fettgewebe wird Erde und Wasser zugeordnet
- Knochengewebe gehört Erde, Luft und Feuer an
- Knochenmark ist Wasser
- Fortpflanzungsgewebe ist Wasser
- Stuhl ist Erde
- Urin ist Feuer und Wasser
- Schweiß ist Wasser

Du wirst dir vielleicht jetzt Gedanken machen, warum man sich im Ayurveda genau über Ausscheidungsprodukte, Blut, Schweiß und Co. so viele Sorgen macht und alles so explizit typisiert wird. Doch genau hier beginnt die Heilung im Ayurveda. Du musst hier jeden Ekel einfach überwinden und den Körper mitsamt seinen Ausscheidungsprodukten annehmen wie er ist. Viele Krankheiten werden beispielsweise diagnostiziert durch heftige Schweißausbrüche, übelriechenden Urin oder ähnliches.

Wie bereits gesagt ist auch unsere Umwelt mit ihren Eigenschaften in diese fünf Elemente eingeteilt, ebenso wie alle Geschmacksrichtungen. Auch hier solltest du wieder die einzelnen Geschmacksrichtungen mit den passenden Elementen in dein schlaues Büchlein eintragen.

- Madhura ist süß und wird den Elementen Erde und Wasser zugeordnet.
- Amla ist sauer und wird den Elementen Erde und Feuer zugeordnet.
- Lavana ist salzig und wird den Elementen Wasser und Feuer zugeordnet.
- Katu ist scharf und wird den Elementen Luft und Feuer zugeordnet.
- Tikta ist bitter und wird den Elementen Luft und Äther zugeordnet.
- Kasaya ist herb oder zusammenziehend und wird den Elementen Luft und Erde zugeordnet.

Das ist besonders für die Ernährungslehre im Ayurveda so wichtig. Wenn du zum Beispiel ein Organ aufbauen willst, dass vorwiegend aus Luft und Feuer besteht, dann solltest du zu katu, also zu scharfen Lebensmitteln, greifen. Ist dein Fettgewebe jedoch zu hoch, dann solltest du dies nicht noch zusätzlich durch Erde und Wasser, also mit madhura bzw. süßen Lebensmitteln füttern. Durch dieses Wissen bekommst du sehr schnell ein Gespür dafür, wie du deinen Körper optimal ausbalancierst.

# Die Doshas

Genauso wichtig wie die fünf Elemente sind die drei Doshas. Sie heißen Vata, Pitta und Kapha. Dosha übersetzt bedeutet Fehler. Man sollte es jedoch eher mit folgender Formel übersetzen: „Was Probleme verursachen kann." Oft werden - gerade im Internet - die Doshas als Lebensenergien bezeichnet. Hier kann man gut den viralen Effekt beobachten. Dies wurde einmal geschrieben, tausende von Malen abgeschrieben und heute ist die Übersetzung als Lebensenergie für Doshas absolut gängig – aber dennoch falsch.

Unsere Doshas laufen zwar permanent durch unseren Körper und sind mit für unser Leben und unsere Energie verantwortlich. Sie beeinflussen jedoch den Körper positiv oder negativ. Je nachdem, ob sie sich in einem guten oder schlechten Zustand befinden. Sind unsere Doshas normal und harmonisch, so unterstützen sie unsere Gesundheit. Sind die Doshas jedoch „aufgeregt", so können sie uns krank machen.

Doshas sind in allen unseren Körperzellen, in all unseren Organen, einfach überall. Von hier aus steuern Vata, Pitta und Kapha alle psychischen und physiologischen Abläufe. Sie sind für unser körperliches Befinden, unser Temperament, unseren Appetit, unsere Kondition und vieles mehr verantwortlich.

Kommt es zu einem Ungleichgewicht der Doshas, so spricht man vom sogenannten vikriti. Das kann uns krank machen. Vielleicht machst du dir auch hier wieder eine kleine Notiz und schreibst dir diese wichtigen Begriffe auf, da diese immer wieder vorkommen. Ich versuche ohnehin so wenig wie möglich diese Begriffe zu verwenden, da man sie - gerade am Anfang - nicht benötigt und es unendlich schwierig wird, sich alles zu merken. Die Begriffe, die ich aber erwähne, solltest du dir aufschreiben und so gut es geht merken.

Vata ist immer ein Dosha, das in Bewegung ist. Vata ist leicht, kalt und trocken. Vata ist die Kraft, die unsere Bewegung steuert. Sie steuert auch das Nervensystem und unsere Ausscheidungen. Vata steht auch immer mit Veränderung im Zusammenhang.

Pitta dagegen ist Feuer und heiß. Pitta ist brennbar und wild. Pitta reguliert auch unsere Verdauung, aber auch unseren Stoffwechsel. Pitta steht auch mit der Sonne und ihrer starken Energie in Verbindung.

Kapha ist Wasser und somit kühl. Kapha ist nass und schwer, aber auch eine schützende Kraft. Kapha verleiht deinem Geist und deinem Körper Struktur und Stabilität. Kapha bedeutet Zusammenhalt und schenkt dir körperliche und geistige Stärke.

Die einzelnen Doshas sitzen meist auch an einem bestimmten Platz in unserem Körper. Vata befindet sich häufig direkt unter dem Nabel. Pitta sitzt zwischen Herz und Nabel und Kapha über dem Herzen.

Dass dein Vata gut funktioniert, ausgeglichen und harmonisch ist, macht sich bemerkbar, wenn du enthusiastisch sein kannst, deine Ausscheidungen funktionieren und auch der Gewebestoffwechsel gut ist.

Ein gutes Pitta zeigt sich in einer guten Verdauung, einer angemessenen Körpertemperatur und einem guten Appetit, einem passenden Durstgefühl, einer funktionierenden Sehkraft und einer positiven Ausstrahlung. Glück und Intelligenz sind ebenfalls Eigenschaften, die Pitta zugeschrieben werden.

Ist dein Kapha im Gleichgewicht, so bist du geduldig und stark. Du hast keinen Hang zur Habsucht und bist nachsichtig.

Sind alle deine Doshas in Balance, so spricht man vom Ojas. Ojas sind Materie und Bewusstsein zugleich und zeigen sich als feinstes Endprodukt der Verdauung. Ojas ist die Einheit alles Doshas. Ojas bedeutet Jugendlichkeit und positive Gedanken. Ojas ist Vitalität und Gesundheit. Wenn du reich an Ojas bist, dann hast du eine unwiderstehliche Ausstrahlung und bist glücklich. Man sieht es dir auch äußerlich an. Menschen mit einem reichen Ojas strahlen und haben glänzende Augen.

Doch was bringt nun die Doshas ins Ungleichgewicht? Das ist eigentlich ganz leicht erklärt: das Leben selbst. Schlechte Angewohnheiten, wie z.B. lange wach zu bleiben, zu wenig schlafen, Alkohol trinken und rauchen, eine falsche Ernährung, Stress und Hektik am Arbeitsplatz, Streit in der Familie und vieles mehr lassen die Doshas ins Ungleichgewicht rutschen. Wie du siehst, kann man ziemlich schnell gehen.

Wenn du jetzt sagst: „Da müssten wir doch alle längst schwer krank sein“, dann hast du absolut recht. Ayurveda greift eben ein, bevor eine Krankheit ausbricht. Es geht im Ayurveda vorrangig nicht darum, Krankheiten zu heilen, jedenfalls nicht nur, sondern den Menschen soweit zu konditionieren, gesund zu bleiben. Indem man eben immer auf die Balance der Doshas achtet, wird die Gefahr geringer, dass Krankheiten ausbrechen. Vorbeugen ist besser als Nachsorge, das könnte auch die Devise im Ayurveda sein. Darüber hinaus können natürlich auch Krankheiten durch gezielte Therapien und Maßnahmen geheilt werden. Es ist jedoch weit einfacher, durch Meditation und Yoga oder eine ausgewogene Ernährung den Körper fit zu halten, als im Nachhinein hart für die Gesundheit kämpfen zu müssen.

# Welcher Ayurveda-Typ oder Dosha-Typ bist du?

Du wirst dir jetzt sicher schon selbst die Frage gestellt haben, welcher Dosha-Typ du selbst bist. Wenn du eine sehr genau Anamnese haben möchtest, dann gehst du am besten zu einem Ayurveda-Ärztin oder einem Ayurveda-Therapeuten. Dort wird nicht nur dein Puls gemessen, es werden dir auch unzählige Fragen gestellt, du wirst vielleicht vermessen und gewogen und auch deine Augen, die Haut und die Haare werden betrachtet. Zudem musst du dort einen dicken Packen an Fragebögen ausfüllen. Dies wird im Anschluss alles ausgewertet.

Du kannst aber auch selbst einen Dosha-Test machen, damit du eine ungefähre Vorstellung hast, wo du ansetzen kannst. Bevor du jedoch den Test machst, schreib auf, wie du dich selbst einschätzen würdest. Es ist immer spannend zu sehen, wie gut man sich selbst kennt. Ich habe dir einen Dosha-Test auf der Website des Verlags vorbereitet. Scanne jetzt mit deinem Handy den QR-Code oder gib den Link auf deinem Computer ein und du gelangst direkt zum Test.

https://link.cherrymedia.de/SH003TEST

Meist ist es so, dass man ohnehin nicht nur ein Dosha in sich trägt. Es ist sehr selten, dass jemand eine sogenannte Monodosha-Dominanz aufweist. Häufiger kommt es vor, dass alle drei Doshas gleich stark ausgeprägt sind. Dies nennt man Tridosha-Typus. Aber meist ist es so, dass zwei Doshas stark ausgeprägt sind und eines nicht. In diesem Fall ist es immer so, dass die zwei dominanten Doshas beruhigt und das nicht ausgeprägte Dosha verstärkt werden sollen. Es ist wichtig, eine harmonische Balance zu finden, jedoch nicht alle drei Doshas gleich stark zu machen.

Das eigentliche Ziel wäre es, das Pakriti zu erreichen. Dabei handelt es sich um die Dosha-Konstitution mit der wir bereits geboren wurden. Dies ist unsere eigentliche Grundharmonie, in der wir im natürlichen Gleichgewicht sind.

Es gibt typische Alltagssituationen, die unsere Doshas durcheinanderbringen. Stress und Angst zum Beispiel erhöhen das Vata-Dosha. Faulheit sorgt dafür, dass das Kapha-Dosha erhöht wird und wenn du sehr rechthaberisch bist, erhöht sich dadurch dein Pitta-Dosha. Hast du den ein oder anderen Zwischenfall, viel Stress auf der Arbeit oder hat dein innerer Schweinehund wieder häufiger gesiegt oder warst du wieder klüger als alle anderen, nur um das letzte Wort zu haben, dann musst du wieder etwas an den Doshas arbeiten, um dein ausbalanciertes Prakriti wiederherzustellen.

Vergiss nicht, dass sich deine Doshas nicht zu gleichen Teilen von 33,33 % aufteilen müssen. Wichtig ist, dass dein Körper harmonisch arbeitet und den natürlichen Status erreicht, mit dem du geboren wurdest. Jeder ist mit seinem individuellen Prakriti geboren. Du merkst es auch an deinem Wohlbefinden, ob deine Doshas ausgeglichen sind. Du fühlst dich wohl, zufrieden und gesund.

Dies ist auch der große Unterschied zwischen der modernen Medizin in der heutigen Zeit und Ayurveda. Beim Ayurveda wird jeder Mensch individuell wahrgenommen und viel Wert auf die Einzigartigkeit eines jeden Menschen gelegt. Es werden nicht generell Antibiotika verschrieben, weil man an der Krankheit XY leidet.

Ayurveda zeigt uns auch, wie wir uns am besten um uns selbst kümmern können und uns wieder besser wahrnehmen. Wenn du dich selbst bis ins letzte Detail kennst und achtsam mit dir und deinem Körper umgehst, dann ist es auch viel einfacher, diesen Körper gesund zu halten, egal ob physisch oder psychisch.

Durch Ayurveda lernst du deine eigenen Stärken, deine Bedürfnisse, deine Schwächen und deinen Stoffwechsel, aber auch dein eigenes Mindset kennen. Das ist die beste Voraussetzung für ein harmonisches Leben.

Bei einem Dosha-Test findest du nicht nur heraus, welches Dosha im Moment dominiert, sondern auch, wie dein ursprüngliches Prakriti aussehen sollte. Auch anhand deiner Körperstruktur kannst du dein Original-Prakriti erkennen und bestimmen. Anhand deines Prakriti kannst du beginnen, mit Ayurveda zu arbeiten. Du kannst dich entsprechend deiner Bedürfnisse ernähren, die richtige Kosmetik verwenden und auch die passenden Wellness-Anwendungen, Yoga-Übungen und Meditationen wählen.

## Der Vata-Typ

Vata besteht aus Luft und Äther und steht für Atmung, Bewegung und Ausscheidung. Der Hauptsitz des Vatas ist im Bereich des Dickdarms unter dem Nabel. Das Vata wird von Eigenschaften wie rau, trocken, rissig, kalt, fein, schnell und hart dominiert.

Meist weisen Menschen des Vata-Typs einen zierlichen und zarten Körperbau auf. Die Haut ist trocken und dünn, das Skelett, also der Körperbau, ist schmal, die Haare sind dünn, jedoch dunkel und gewellt. Die Gesichtsform tendiert meist zu lang und eckig und der Hals ist dünn und sehnig.

Die Nasen der Vata-Typen sind meist schmal, können lang, gekrümmt oder asymmetrisch sein. Häufig sind die Augen klein und stehen eng zusammen. Die Augenfarbe ist meist dunkel und von einem matten Glanz. Der Mund der Vata-Typen ist in vielen Fällen klein und die Lippen sind schmal.

Wenn du zum Vata-Typ gehörst, dann hast du häufig unregelmäßig Appetit, denkst oft auch gar nicht ans Essen und nimmst auch nur schwer zu. Demnach ist auch deine Verdauung unregelmäßig. Das liegt daran, dass auch hier das Prinzip von Input und Output vorherrscht. Wenn du nichts oder zu wenig isst, kannst du auch nichts ausscheiden. Vata-Typen reagieren schnell, reagieren stark auf Klänge und Lärm und frieren schnell. Vata-Typen fühlen sich in der Wärme, in warmen Ländern und warmen Wohnungen wohl.

Wenn du ein Vata-Typ bist, dann lehnst du wahrscheinlich die Monate Herbst bis Frühjahr ab und liebst den Sommer, den Urlaub und tropische Länder. Du hast einen leichten Schlaf, neigst zu Schlafstörungen und wirst häufig mehrmals pro Nacht wach.

Vata-Typen sind absolut flexibel und lassen sich schnell begeistern. Sie sind wissensdurstig, reisen gerne, sind kreativ, stecken voll Phantasie, sind lebendig und gesprächig. Wenn du zu den Vata-Typen zählst, dann liebst du die Veränderung und schlägst gerne unerforschte Wege ein. Du hast keine Angst vor Neuem und suchst auch immer nach dem Sinn des Lebens.

Du bist wahrscheinlich leicht erregbar und deine Stimmung kann, wie bei einem Sommergewitter, schnell umschlagen. Du kannst neue Informationen schnell aufnehmen, aufgreifen, umsetzen, vergisst diese aber auch schnell wieder. Du bist zu hohem Maße hyperaktiv und gehst dabei auch gerne an den Rand deiner Kräfte. Du hast meist Energieschübe, die dir immer wieder ein Hoch, sowohl an geistiger als an körperlicher Kraft, schenken.

Wenn das Vata nicht mehr im Gleichgewicht ist, dann werden Menschen dieses Typus nervös, ängstlich, besorgt und unruhig. Es kann zu Unzufriedenheit, Mutlosigkeit und Hoffnungslosigkeit kommen. Kalte Füße und kalte Hände, trockene Haut und Verstopfung weisen ebenfalls auf ein unbalanciertes Vata hin. Wenn das Vata zu dominant ist, wirst du permanent auf der Suche sein, jedoch dein Ziel leicht aus den Augen verlieren. Oft kannst du dich nicht entscheiden, welcher Weg der richtige ist und eine Sache, die dich heute magisch anzieht, kann dich morgen schon wieder langweilen.

Das Vata ist ein Dosha, das sich sehr schnell aus dem Gleichgewicht bringen lässt. Auch wenn du nur einen kleinen Anteil Vata in dir trägst, so sollst du darauf besonders gut achten. Vata wird auch gerne das Anführer-Dosha genannt. Vata ist auch bei einem Ungleichgewicht immer das erste Dosha, das Krankheiten verursacht. Vata ist auch das Podium für alle anderen Doshas. Wenn das Vata im Gleichgewicht ist, so sind auch Kapha und Pitta meist im Gleichgewicht.

Vata-Typen sollten weniger Rohkost, dafür aber viele warme Suppen und Eintöpfe essen. Die Speisen sollten süß, sauer und salzig kombinieren. Auch ist es wichtig, dass du dir viel Ruhe gönnst und für ausreichend Schlaf sorgst. Vata-Typen neigen zu Hektik und Stress. Eine gute Tagesroutine, Massagen und heiße Entspannungsbäder sind ebenfalls perfekt für Vata-Typen.

Wenn dein Vata zu niedrig ist, dann solltest du scharf, bitter und herb essen.

## Der Pitta-Typ

Pitta ist für die Nährstoffaufnahme, die Verdauung und sämtliche Umwandlungsprozesse verantwortlich. Pitta sitzt im Magen, im Zwölffingerdarm und auch im Dünndarm. Pitta ist Feuer und steht für die Augen und die Geschlechtsorgane.

Pitta ist scharf und heiß, bitter, sauer, flüssig und fließend. Wenn du ein Pitta-Typ bist, hast du wahrscheinlich einen mittleren Körperbau und kannst gut und viel essen. Wahrscheinlich verträgst du auch alle Lebensmittel gut. Deine Verdauung ist gut und funktioniert meist auch mit mindestens zwei Stuhlgängen pro Tag.

Deine Haut ist warm, hell und glänzend und vielleicht auch häufig gerötet. Du bekommst leicht einen Sonnenbrand und verträgst auch heißes Wasser nicht so gut. Vielleicht hast du auch viele Leberflecken, Sommersprossen und leidest häufiger unter Ausschlägen.

In den meisten Fällen ist das Haar von Pitta-Typen blond oder rot, fein und weich. Das Gesicht ist herzförmig und das Kinn ist stark ausgeprägt. Der Hals ist durchschnittlich gut proportioniert, die Nase eher spitz und gerade. Deine Augen glühen, sind normal groß und meist blau, hellgrau oder grün. Der Mund und die Lippen sind mittelgroß.

Pitta-Typen haben eigentlich immer Hunger und daher eine gute Verdauung. Pitta Typen verschieben nicht gerne eine Mahlzeit und reagieren gereizt, wenn sie hungrig sind. Wenn du ein Pitta-Typ bist, dann bist du unternehmungslustig, sehr präzise, erfinderisch, entscheidungsfreudig, ehrgeizig und auch ordentlich. Du besitzt einen scharfen Verstand und liebst die Herausforderungen. Pitta-Typen können auch gut vor anderen Menschen sprechen und sind strukturiert.

Pitta-Typen setzen sich aber auch gerne selbst unter Leistungsdruck. Sie sind gute Führungspersönlichkeiten und bestimmen gerne. Pitta-Typen lieben die Herausforderung und meistern jedes Hindernis scheinbar mühelos.

Pitta-Typen haben eine starke Ausstrahlung und besitzen Charisma.

Wenn das Pitta aus dem Gleichgewicht gerät, dann treten Perfektionismus, Hektik, Stress und Gereiztheit in den Vordergrund. Wenn dein Pitta aus dem Gleichgewicht kommt, dann neigst du vielleicht zu Neid, Zorn, Hass, Entzündungen und Hautausschlägen. Nicht selten kommt es auch zu starker Migräne und Übersäuerung im Körper.

Pitta lässt sich nicht einfach zähmen. Oft schlägt es in Fanatismus oder Aggressionen um. Vielleicht hast du auch häufig das Gefühl, nicht gut genug zu sein. Dein hoher Anspruch an dich selbst kann Fluch und Segen zugleich sein und oft hast du auch Angst davor, Fehler zu machen. Vielleicht wirst du auch schnell intolerant und neigst dazu, schnell zu kritisieren.

Damit du dein Pitta zügeln kannst, musst du dich den geistigen und körperlichen Herausforderungen stellen. Durch Sport erleben Pitta-Typen häufig Befriedigung. Wettkämpfe sind hervorragend, da sich diese Typen gerne messen und als Beste aus dem Wettkampf herausgehen.

Ist dein Pitta zu hoch, so hast du ständig Hunger und schwitzt übermäßig viel. Auch kannst du übermäßig starkes Sodbrennen bekommen und unter Magenschmerzen, einer unreinen Haut sowie Entzündungen leiden. In diesem Fall sollte nichts Scharfes oder Saures gegessen werden. Zitrusfrüchte, Milchprodukte, scharfe Gewürze und Fleisch stehen hier auf der Blacklist. Damit dein Körper wieder basisch wird, solltest du zu Rohkost und mildem Gemüse greifen.

Auch durch Entspannung kann das Pitta gut gesenkt werden. Atemübungen, Achtsamkeit und ausreichend Schlaf sind ebenfalls absolut positiv. Auch ein wenig kürzer treten schadet nicht, wenn du dein Pitta ein wenig senken möchtest.

## Der Kapha-Typ

Kapha ist das sogenannte Stabilitäts-Dosha und hält die einzelnen Körperstrukturen zusammen. Es wird den Elementen Wasser und Erde zugeschrieben und ist ölig, kühl, schwer, stabil, weich, klebrig, schleimig und süß. Kapha fördert die Masse und die Fruchtbarkeit und befindet sich im oberen Drittel deines Magens. Kapha wird dem Geruchssinn, der Nase und den Händen zugeordnet.

Meist haben Kapha-Typen eine kräftige Statur und einen muskulösen Körperbau. Kapha-Typen leiden auch meist unter Übergewicht und die Haut ist dick, glatt, fettig, hell und kühl. Die Haare sind meist braun, dick, dicht, voll und wellig. Das Gesicht ist rund, voll und groß und auch der Hals ist massig ausgeprägt. Kapha-Typen haben häufig auch eine große und runde Nase und große Augen. Diese sind in den meisten Fällen blau oder braun und verführen mit einem anziehenden Charme.

Der Mund ist groß, die Lippen voll und das Zahnfleisch stark. Das Immunsystem von Kapha-Typen ist stark und dadurch sind sie kaum krank. Die körperliche Ausdauer ist hoch und diese Menschen können großes leisten. Bewegung tut Kapha-Typen gut und sie sind sowohl langsam, aber von einer gleichmäßigen und anmutigen Ausdauer.

Wenn du ein Kapha-Typ bist, so bist du sanftmütig und geduldig. Deine Persönlichkeit ist ruhig und ausgeglichen und es bringt dich so schnell nichts aus der Ruhe. Du kannst schnell verzeihen, bist tolerant und liebevoll. Du wirkst vielleicht oft etwas schwerfällig, doch mit deiner Konsequenz und Ausdauer erreichst du jedes Ziel mühelos.

Wenn du von Kapha dominiert wirst, ist dein Langzeitgedächtnis gut ausgeprägt. Neues aber lernst du nur langsam. Du bist wahrscheinlich ein Mensch, der alles gerne sammelt und zur Selbstzufriedenheit neigt.

Du hast einen gesunden Schlaf, einen mäßigen Hunger und eine mittlere Verdauung. Meist denkst du gut nach, bevor du handelst und du schätzt deine täglichen Routinen. Du neigst nicht zu überstürzten Handlungen und Kurzschlussreaktionen. Auch Spontanität und Veränderung sind dir eher ein Graus. Du liebst das Traditionelle und fühlst dich im Kreise deiner Familie absolut wohl. Dein größtes Glück ist eine feste Partnerschaft und du liebst Kinder und deine Freunde. Auch kannst du dich gut mit dir selbst beschäftigen und bist von Zeit zu Zeit gerne alleine.

Ist das Kapha gestört, so kann es zu Übergewicht, Depression, Übelkeit, Antriebslosigkeit und Benommenheit kommen. Auch schwere Erkrankungen, wie Diabetes und Tumore, sind hier nicht selten. Ein zu starkes Kapha macht dich auch unflexibel und du neigst dazu, dass dir schnell alles zu anstrengend wird. Vielleicht kapselst du dich auch ab und ziehst dich lieber zurück. Ein übergroßes Kapha sorgt für Heißhunger-Attacken, vor allem nach süßen, heißen und fettigen Speisen.

Damit das Kapha wieder ins Gleichgewicht kommt, ist vor allem viel und regelmäßige Bewegung notwendig. Wenn du ein Kapha-Typ bist, dann solltest du stets ein fixes Sportprogramm in deine wöchentliche Struktur einplanen. Auch geistig müssen Kapha-Typen immer gefordert sein. Hier ist es wichtig, dass die natürlichen Talente für Sprachen und Psychologie gefördert werden.

Für den Kapha-Typ sind warme und scharfe Speisen perfekt. Diese regen den Stoffwechsel und die Verdauung an. Auch bitteres und grünes Gemüse, sowie Chili, Ingwer und Kurkuma, sollten hier auf dem Speiseplan stehen. Milchprodukte und Süßigkeiten sind für Kapha-Typen schlecht. Saure und salzige Speisen erhöhen ebenfalls das Kapha.

Du hast nun also den Test gemacht und dich in deinem Dosha-Typus erkannt. Ist es nicht erschreckend, wie treffend diese Beschreibungen sind. Und ich kann dir sagen, diese sind nicht meiner Fantasie entsprungen. Ich habe garantiert schon sämtliche Tests im Internet gemacht, sämtliche Dosha-Tests in diversen Büchern und Magazinen ausgefüllt und Ayurveda-Anamnesen in allen möglichen Ressorts und Retreats gemacht. Egal ob in Österreich, der Tschechei, in Thailand, Sri Lanka, Bali oder auf Ibiza, immer kamen die selben Resultate heraus und es ist durchaus erschreckend.

Dafür ist es natürlich notwendig, dass du bei den Fragen auch wirklich spontan und schonungslos ehrlich bist. Es macht natürlich nicht Spaß, wenn man zugeben muss, dass man leicht zornig wird oder unüberlegt handelt. Auch ist es oft fürs Ego schwer, zuzugeben, dass die eigene Figur etwas kerniger oder viel zu mager ist. Doch das ist wichtig, damit am Ende die Auswertung stimmt. Zudem kannst du dich fragen: Wen will ich denn belügen? Du weißt ganz genau, wie es ist und du allein bist es, der den Test und die Ergebnisse liest. Also sei spontan und ehrlich. Dann erhältst du wirklich ein ziemlich genaues Bild deiner Doshas und kannst darauf aufbauen. Nun kannst du wirklich damit beginnen, mit Hilfe von Ayurveda dein Leben zu verbessern und gesünder, vitaler und glücklicher zu werden.

# Was bringt mir Ayurveda?

Der klare Vorteil von Ayurveda ist, dass du dich damit wohlfühlst. Das eigene Wohlbefinden sollte dir bereits Grund genug sein. Doch es steckt noch so viel mehr dahinter. Du erhältst durch Ayurveda eine stärkere Verbindung zu deinem eigenen Körper und zu deinem eigenen Ich und bringst Körper, Geist und Seele in Einklang.

„Das hört man doch so oft von esoterischen Übungen, von Meditationen und Yoga", wirst du dir jetzt berechtigterweise denken, doch ganz genau weiß niemand, was das eigentlich bedeuten soll. Also versuche ich dir jetzt anhand einiger Beispiele zu erklären, wie du erkennst, dass dein Körper, dein Geist und deine Seele im Einklang sind, oder eben nicht.

Du bist nicht krank, fühlst dich nicht schlecht oder müde, aber jedes Mal nach dem Essen hast du unheimliches Sodbrennen. Es kommt dir vor, als würde dir die ganze Speiseröhre verbrennen. Du schnappst dir ein Glas Natron und das hilft vielleicht eine Woche lang. Danach greifst du zu Maalox und Rennie oder wie die Mittelchen und Tabletten auch immer heißen mögen. Nach etwas zwei Monaten gehst du zum Arzt und der verschreibt dir ebenfalls Medikamente, um deine Magensäure zu neutralisieren. Meist geht das ruck-zuck und du musst dir dafür nicht einmal einen Tag frei nehmen. Du kannst, wie gewohnt, deinen stressigen Tagesablauf weitergehen, dir in den Pausen schnell Burger, Hot Dogs und Co. einwerfen und abends eine schnelle Pizza, eine Lasagne oder etwas anderes in die Mikrowelle schmeißen.

Klingelt es schon, worauf ich hinaus will? Auch wenn du dich nicht krank fühlst, solltest du auf die kleinen Zeichen hören, die dir dein Körper schickt. Da nehme ich mich auch gar nicht aus. Auch ich hatte Zeiten, in welchen ich null auf meinen Körper hörte, einfach, weil ich nicht hören wollte, oder es nicht sehen wollte. Du kannst aber nur auf deinen Körper hören, wenn du dich und deinen Körper gut kennst, also wenn Körper, Geist und Seele in Einklang sind.

Schickt dir dein Körper ein Zeichen wie Sodbrennen, dann ist dies ein sehr sanftes Warnsignal. Der Körper sagt, dass er sauer auf dich ist – im wahrsten Sinne des Wortes. Mit Ayurveda kannst du nun anhand deiner Dosha-Tabelle genau nachsehen, wo der Hase begraben ist. Welche Lebensmittel könnten dir dabei helfen, den Körper wieder basisch zu bekommen.

Zudem kannst du - anhand von Ayurveda - einfach Übungen machen, die dir den körperlichen Stress nehmen, der den Körper ebenfalls sauer macht. Hörst du nicht auf die kleinen Anzeichen, dann fährt dein Körper im nächsten Schritt schwerere Geschütze auf. Es kann sein, dass du dann richtig krank wirst und dir monatelang Zeit nehmen musst, um wieder gesund zu werden. Durch Sodbrennen können Magengeschwüre und mehr entstehen. Es kann dir die Speiseröhre verätzen und sogar zu Krebs führen. Du musst jetzt aber nicht in Panik verfallen, wenn es einmal in der Speiseröhre brennt. Du sollst lediglich auf die kleinen Zeichen hören und dem Körper Gutes tun, damit er wieder harmonisch arbeiten kann.

Körper, Geist und Seele sind auch nicht in Einklang, wenn du unter extremen Stimmungsschwankungen leidest. Vielleicht bist du gerade bei der Arbeit und jemand hat nur eine kleine Kritik geäußert. Normalerweise würdest du dich dafür bedanken oder sogar darüber lachen. Du bist jedoch so dermaßen überarbeitet, dass du entweder wie eine Furie auf den Kritiker losgehst und eine große Szene machst oder du fängst hemmungslos an, zu weinen. Wenn du deinen Körper gut verstehst, dann merkst du die ersten Anzeichen von Überarbeitung. Du kannst dir eine kleine Auszeit gönnen und kommst nicht in die peinliche Situation, dass du am Arbeitsplatz ein Drama veranstaltest oder ungerecht zu deinen Liebsten bist.

Mit Ayurveda hältst du deinen Körper stets so gut in Balance, dass Dinge wie diese kaum vorkommen. Dazu musst du auch nicht viel Zeit aufwenden. Deine tägliche Routine erledigt das für dich und bei der Ernährung musst du nur eine kleine Umstellung vornehmen, doch auch das automatisiert sich mit der Zeit, so dass es kein großer Aufwand mehr ist. Es reicht auch, wenn du dir täglich nur 15 Minuten Zeit zum Meditieren oder für andere Übungen nimmst. Wie oft vergeuden wir unsere kostbare Zeit mit weit weniger wichtigen Dingen. Zudem kannst du viele der Übungen auch zwischendurch, auf dem Weg zur Arbeit oder direkt in den Pausen, absolvieren.

Mit der ayurvedischen Medizin kannst du auch bei Krankheiten auf viele Medikamente verzichten, die mit der Zeit den Körper nur vergiften würden. Ich bin ja selbst ein absoluter Verfechter der Naturheilkunde und greife nur im absoluten Notfall zur Schulmedizin. Für mich hat

Schulmedizin natürlich absolut ihre Berechtigung und es gibt Situationen, in welchen sie sehr wertvoll sein kann, doch ich selbst gehe lieber andere Wege. Ich heile auch meinen Krebs auf alternative Art und Weise und fühle mich dabei fit wie ein Turnschuh. Ich habe auch den direkten Vergleich, denn einige Freunde sind zur selben Zeit an einem ähnlichen Krebs erkrankt. Viele gehen meinen Weg, andere gehen den Weg der Schulmedizin. Ich musste mich leider von einigen, die sich für Chemo entschieden hatten, schon verabschieden und auch anderen, die ebenfalls auf Bestrahlungen, Operationen und Chemotherapien setzten, geht es dementsprechend schlecht. Doch würde ich mir nie anmaßen, zu versuchen, jemandem etwas einzureden. Ich sage nur, wie ich es halte, und dass ich damit exzellente Erfolge erzielt hatte und davon noch heute profitiere.

Du lernst durch Ayurveda auf Signale des Körpers, wie Infektionen, Unwohlsein oder Schmerzen sowie Nervosität, zu hören. Zudem lernst du durch das Ayurveda, die Krankheit nicht als großes Übel zu sehen, sondern als Information an dich, dass etwas nicht stimmt und du daran arbeiten solltest.

Doch Ayurveda befasst sich nicht nur mit Gesundheit und Krankheit, sondern schenkt dir Wohlbefinden, Entspannung und lässt dich gelassen werden. Ayurveda tut auch deiner äußeren Schönheit gut. Deine Haut beginnt zu strahlen und du erhältst eine positive und anziehende Ausstrahlung.

Ayurveda hilft dir auch, dich persönlich besser zu entfalten und zu verwirklichen. Du kannst dadurch deinen Sinn des Lebens finden und auch dein gesamtes Potential entwickeln. Auch auf spiritueller Ebene hilft dir Ayurveda bei deiner individuellen Entwicklung. Du kannst damit deine Chakren erkennen und von eventuellen Blockaden befreien und du kannst werden, was schon immer sein wolltest, nämlich eine starke, individuelle und atemberaubende Persönlichkeit.

# Körper, Geist und Seele in Einklang bringen

Wenn Körper, Geist und Seele nicht im Einklang stehen, so nennt man dies im Ayurveda Vikriti. Vikriti bedeutet, dass ein Ungleichgewicht zwischen dem besteht, wie es sein sollte und dem, wie es gerade ist. Ziel von Ayurveda ist es nun, das Vikriti psychisch und physisch wiederherzustellen.

Doch wie funktioniert das nun? Du musst dafür nur deine Doshas betrachten und die zu starken Doshas quasi besänftigen.

Dein Vata besänftigst du durch Beruhigung, Nährstoffzufuhr, Regelmäßigkeit und Wärme. Um das zu starke Pitta einzudämmen, musst du für Besänftigung, für Kühle sorgen und zudem überschüssige Säuren im Körper binden. Muss das zu starke Kapha eingedämmt werden, so benötigst du körperliche Aktivierung, Leichtigkeit, Hitze und Trockenheit als Ausgleich. Du wirkst quasi immer dagegen. Dazu ist es wichtig, dass du genau weißt, wie die einzelnen Doshas ticken.

Hier gibt es neben den Faktoren, die wir bereits besprochen haben, noch einige andere kleine Richtlinien, an die du dich halten kannst.

Von Februar bis Mai sind wir in der sogenannten Kapha-Phase. Wir erwachen aus dem Winterschlaf und unterstützen den Körper dabei mit Gewürzen wie Chili, Pfeffer, Ingwer und Petersilie. Dies gilt vor allem für Länder, in welchen die vier Jahreszeiten gut ausgeprägt sind.

Von Juni bis September herrscht die Pitta-Phase vor. Dies ist in den meisten Ländern die heiße Sommerzeit und wir sind von Natur aus aufgeheizt. Das bedeutet, wir sollten dem Körper kühlende Lebensmittel geben. Basilikum, Fenchel, Minze und Koriander sind zudem Kräuter, mit welchen du deine kühlenden Salate, Smoothies und Drinks gut aufpeppen kannst. Meist haben wir im Sommer ohnehin Lust auf kühlende Lebensmittel wie einen schönen Tomatensalat mit Minze und Koriander.

Die Vata-Phase dauert von Oktober bis Januar. Das ist die kühle Jahreszeit und wir benötigen wärmende Gewürze wie Zimt, Anis, Nelkenpulver, Masala-Gewürze, Muskat und Salbei. Du kannst diese Gewürze jedoch das ganze Jahr hindurch verwenden, wenn du dich zum Beispiel erkältet fühlst oder dir kalt ist. Mir persönlich helfen diese Gewürze auch bei extremer Übermüdung, Angespanntheit oder wenn ich mich leicht angespannt bis zornig fühle. Das hat jedoch auch mit meinem Dosha-Typus zu tun.

Auch jeder einzelne Tag ist in die Doshas unterteilt. Von 6 Uhr früh bis 10 Uhr vormittags und von 18 Uhr bis 22 Uhr herrscht die Kapha-Phase. Die Pitta-Phase dauert von 10 Uhr vormittags bis 14 Uhr und von 22 Uhr bis 2 Uhr nachts an. Die Vata-Phase ist von 14 Uhr bis 18 Uhr und von 2 Uhr früh bis 6 Uhr früh.

Während der Kapha-Phase können wir leichte Ermüdungserscheinungen verspüren, da dieses Dosha für Trägheit steht. Das bedeutet, wir benötigen einen extra Energiekick, um dies auszugleichen. Im Ayurveda baut man hier vor allem auf Zitronenwasser oder Ingwertee. Auch besagt das Ayurveda, dass es am besten wäre, noch während der Kapha-Phase, also vor 22 Uhr, zu Bett zu gehen. Dies ist die Zeit, in der du am besten einschlafen kannst.

Die Pitta-Phase steht für Produktivität und meist sind wir in dieser Phase von Natur aus wach und klar. Die Vatta-Phase ist die Zeit des Tages, in der wir leichter aus dem Gleichgewicht zu bringen sind. Du kannst aufgewühlt sein und dies kann für stürmische und kreative Ideen sorgen. Überspringst du die Kapha-Phase, um ins Bett zu gehen, so kann dies bedeuten, dass du bis 2 Uhr früh nur schwer in den Schlaf findest.

Doch sind es nicht nur die Ernährung und der richtige Umgang mit den Doshas, auch mit Wellness und der richtigen Kosmetik kannst du Körper, Geist und Seele in Einklang bringen. In den westlichen Ländern ist Ayurveda-Kosmetik noch bei weitem nicht so populär wie in Asien. Hier ist das absolut alltäglich und beinahe jede Massage, jeder Kosmetiksalon, aber auch Friseure und Nagelstudios arbeiten ganz automatisch nach Ayurveda-Methoden. Für mich ist dies ein ebenso spannender Bereich der Ayurveda-Kunst, darum will ich dir in den nächsten Kapiteln intensiv darüber erzählen.

# Ayurveda und Wellness

Wellness ist ein wichtiger Punkt im Ayurveda und genauso wichtig wie die Doshas selbst und die Ernährung. Ayurveda-Wellness ist perfekt, wenn du entspannen möchtest oder unter Verspannungen oder Kopfschmerzen leidest.

Du solltest jedoch nicht erst warten, bis du körperliche Beschwerden bekommst. Du kannst dir auch präventiv oder auch zur Belohnung immer wieder eine Ayurveda-Wellness-Behandlung gönnen.

Eine der wichtigsten Ayurveda-Wellness-Behandlungen ist die Ayurveda-Mara-Massage. Hierbei werden die sogenannten Marma-Punkte stimuliert. Bei den Marma-Punkten handelt es sich um die Energiepunkte im Körper, die eng mit deinen Chakren verbunden sind. In unserem Körper befinden sich insgesamt 107 dieser Energiepunkte oder Energiefelder. Alleine im Kopf und Nacken befinden sich 37 Punkte. Daher wird bei diesen Massagen viel Zeit für Kopf und Nackenmassagen verwendet. Die Massagetechnik ist eine Kombination aus Massieren, Drücken und Streichen und ist absolut angenehm und entspannend.

Abhyanga ist ebenfalls typisch für Ayurveda. Hier handelt es sich um die traditionellen Massagen mit heißen oder warmen Ölen oder Salben. Es sind Ganzkörpermassagen, die speziell auf den jeweiligen

Körper und Typ abgestimmt sind. Die Kräuteröle und Balsams werden aufgewärmt und sind immer natürlichen Ursprungs. Viele Ayurveda-Therapeuten haben auch ihre ganz speziellen und geheimen Rezepturen für ihre eigenen Öle oder einen speziellen Balsam. Ich habe auch meine Lieblings-Balsame, die ich immer zu Hause habe. Diese sind meist auf Ingwer, Zitronengras, Zimt und anderen Kräutern aufgebaut. Es gibt Öle und Mischungen, die erwärmend sind, andere die kühlend sind. Manche helfen, die Durchblutung zu fördern, andere wirken abschwellend oder riechen einfach nur beruhigend und sind somit harmonisierend.

Mit Hilfe der Abhyanga-Massagen werden auch die Amas abtransportiert. Dies sind die Schlacken, die sich im Körper bilden. Dadurch werden unsere Srotas, unsere Kanäle, wieder frei und der Körper kann wieder unbeschwert arbeiten. Diese Wellnessbehandlung nimmt dir die Müdigkeit und kräftigt deinen Körper. Muskel- und Gelenkschmerzen können reduziert werden und auch der Blutkreislauf wird verbessert. Die Haut wird gereinigt und deine Haut wird strahlender und dein Tein verbessert.

Diese Art von Massage wirkt sich auch positiv gegen Infektionen aus. Sie stärken dein Nervensystem und wirken sich auch gut auf dein Sehvermögen aus. Abhyanga-Massagen helfen dir besser einzuschlafen und durchzuschlafen. Wunden können besser abheilen und dein Immunsystem wird gestärkt. Zudem stärkt diese Massage auch deine Psyche, deine Willenskraft und dein Selbstbewusstsein. Sie gilt auch als sogenannte Jungbrunnenmassage.

Du kannst diese Massagen auch selbst zu Hause durchführen. Am besten natürlich mit einem Partner, aber auch alleine macht es absolut Sinn. Du erwärmst dazu ein natürliches Kräuteröl auf etwa 60° Celsius, aber auf keinen Fall heißer. Du darfst dich daran nicht verbrühen. Danach reibst du sanft deinen Körper ein. Du beginnst bei deinen Beinen und arbeitest dich nach oben. Verwende kreisende und leicht anhebende Bewegungen. Vergiss auch nicht, dein Gesicht und auch deinen Kopf mit dem warmen Öl zu massieren. Dies tut richtig gut, auch wenn deine Haare danach nicht gerade frisch aussehen. Mach diese Massage abends vor dem Schlafengehen. Du kannst dir dazu auch selbst ein Körperöl ansetzen. Ich verwende meist Lavendelöl. Dazu erhitze ich Bio-Lavendel aus dem Garten mit Kokosöl und fülle alles in Flaschen ab. Der Lavendel darf ruhig im Öl bleiben. Nachdem der Lavendel einige Tage durchgezogen hat, hat er sein unvergleichliches Aroma entwickelt.

Shirodhara ist der berühmte Stirnguss im Ayurveda. Auch dieser wird mit einem sehr warmen Öl durchgeführt. Du liegst dabei entspannt auf einer Massageliege und der Therapeut gießt dir das Öl auf deine Stirn. Dies soll beide Gehirnhälften gleichermaßen stimulieren und entspannen. Mit Hilfe dieser Behandlung wird der Geist beruhigt. Shirodhara hilft auch gut gegen Kopfschmerzen, Verspannungen, Ängste, Sorgen und auch gegen Migräne. Auch bei Augenkrankheiten und sogar bei Tinnitus soll dieser Stirnguss gute Erfolge zeigen. Ich liebe es einfach, wenn das warme Öl auf mein Drittes Auge trifft. Da diese Anwendung blutdrucksenkend ist, ist es besonders für Vata-Typen besonders zu empfehlen.

Panchakarma ist ebenfalls eine Anwendung, die zum Entschlacken und zur Reinigung dient. Diese Therapie ist auf fünf Reinigungsmethoden aufgebaut und wird meist im Zuge einer Ayurveda-Kur in einem Retreat oder Hotel durchgeführt.

Hier kommt es in Stufe eins zum therapeutischen Erbrechen. Dadurch wird ein Zuviel an Kapha ausgeschieden. Vor allem ist dies auch gut bei Depressionen, Trauer, bei Kreisdenken und zu schweren Sorgen.

Danach kommt es zum therapeutischen Abführen. Dabei wird ein Zuviel an Pitta entfernt. Dies ist vor allem sehr wichtig, wenn du dich stets zornig fühlst.

Es folgt auch ein therapeutischer Einlauf. Dieser entfernt ein Zuviel an Vatta. Dies ist wichtig, wenn du unter Ängsten leidest, dich vor Gott und der Welt fürchtest, viel zitterst, unter Schlafstörungen leidest oder dein Nervensystem gestört ist.

Beim Panchakarma kommt es auch zur Nasenreinigung, um Gifte aus dem Körper zu lösen. Es gehört auch eine Blutreinigung dazu, um Giftstoffe aus dem Blut zu entfernen. Dadurch wird auch das Pitta gesenkt. Durch diese sehr aufwändige Kur oder Anwendung werden deine Doshas wieder harmonisiert. Es hört sich zwar etwas skurril an und auch ich hatte vor meinem ersten Mal so meine Vorbehalte und war etwas angespannt. Ich konnte aber bald loslassen, es dann sogar genießen und fühlte mich hinterher wie neugeboren. Im Anschluss an diese Behandlung stehen immer eine Reinigung und eine Ganzkörpermassage. Wenn du einmal die Chance auf eine Panchakarma-Behandlung hast, ergreife sie.

Pinda Sveda ist eine Massagebehandlung, die du auch alleine zu Hause durchführen kannst. Dabei handelt es sich um eine Massage mit den heißen Kräuterstempeln. Kräuter werden dazu in einen Stoffsack gepackt und dieser sieht wie ein Stempel aus. Mit diesem werden nun die verschiedenen Punkte, die Chakren oder einfach schmerzende Stellen, behandelt. Du kannst damit auch wunderbar deine Lymphe aktivieren. Ich wärme den Stempel oft einfach im Reiskocher auf. Wenn ich von einem langen Tag in der Stadt nach Hause komme und meine Füße geschwollen sind, dann nutze ich einen Massagestempel, den ich in der Tiefkühltruhe aufbewahre. Auch das ist absolut in Ordnung.

Mardana ist die härteste Ayurveda-Massage. Bei dieser Massage werden die Marma-Punkte richtig fest gedrückt und geknetet. Dies ist eine Massage, die Energieblockaden auflöst. Sie wird ebenfalls mit verschiedenen Kräuterölen durchgeführt.

Ich weiß, dass Ayurveda-Kuren meist sehr teuer sind, darum habe ich zum Beispiel mit meinem Partner Ayurveda-Massagekurse besucht. So können wir uns diese wohltuenden Anwendungen nun zu Hause gegenseitig ermöglichen. Du kannst das auch mit deiner besten Freundin machen. Ich habe auch schon mit meiner Mutter einen Partner-Massagekurs besucht - da ist absolut nichts dabei. Viele der Balsame und Öle mache ich mir selbst und ab und an gibt es tolle Angebote von Ayurveda-Hotels. Das günstigste Angebot hatten wir damals in Tschechien gefunden und tatsächlich den vielleicht besten Ayurveda-Urlaub mit einem Therapeuten aus Sri Lanka erlebt. Ich werde in Zukunft versuchen, ab und an Infos und Tutorials zu diesem Thema auf meinen Autorenseiten auf Facebook und Instagram hochzuladen. Vielleicht hast du a Lust, da einmal vorbeizuschauen.

# Ayurveda und Kosmetik

Ayurveda in der Kosmetik ist der Jungbrunnen und in Asien waren Schönheitsoperationen lange gar kein Thema. Das hat sich mittlerweile natürlich verändert, vor allem in Thailand. Blickt man aber zum Beispiel nach Sri Lanka, wo Ayurveda tatsächlich immer noch in den Alltag integriert ist, so wirst du so viele wunderschöne alte Frauen sehen, dass es dir beinahe die Sprache verschlägt. Diese Frauen strahlen von innen und außen und man will einfach mehr von ihren Geheimnissen wissen.

Ich habe mich oft und lange mit diesen Frauen unterhalten, oft mit Händen und Füßen, und ich habe dadurch auch das ein oder andere Familiengeheimnis erfahren. Natürlich werden immer Kräuter aus der Natur verwendet und alle Rezepte sind in etwa ähnlich. Doch wie es auch bei besonders leckeren Kochrezepten ist, so gibt es den ein oder anderen magischen Trick, dass ein Rezept zu etwas ganz Besonderem wird. Ich muss da jetzt gerade an den Holler-Röster meiner Oma denken und bekomme schon wieder Appetit.

Im Ayurveda gilt, dass unser Körper unser Tempel ist und auch genauso behandelt werden soll. Dies ist etwas, das wir in unseren westlichen Traditionen häufig vergessen. Wir betreiben sehr oft Raubbau an unserem Körper und versuchen anschließend alles wieder aufwendig zu renovieren. Im Ayurveda aber achtet man darauf, dass der Körper einfach langsamer altert.

Im Ayurveda wird sehr viel Wert auch auf die äußere Schönheit gelegt. Mir hat einmal eine alte indische Frau erzählt, dass es so wichtig ist, dass man nicht nur innerlich, sondern auch äußerlich schön sein soll, aber nicht um anderen zu imponieren. Viel wichtiger ist, dass man, wenn man sich leuchtend und schön fühlt, automatisch besser gelaunt ist und auch ein liebenswürdiger Mensch wird, weil man sich einfach schön fühlt. Sie sagte, hässliche und ungepflegte Menschen sind meist auch launisch und grausam, weil sie einfach mit ihrem Äußeren nicht zufrieden sind. Dabei ist es nicht wichtig, wie schön man auf einer Skala von 1 bis 10 ist. Man muss sich nur pflegen, schön und strahlend fühlen und wissen, dass man das Beste für seinen eigenen Körper getan hat. Diese Ansicht hat mir total imponiert und eigentlich lag diese Dame damit genau richtig. Diese Frau hat mir auch noch den einen Tipp mit auf den Weg gegeben: „Auch wenn du dich einmal nicht so schön oder etwas unsicher fühlst, setze dein strahlendstes Lachen auf und lege eine ordentliche Portion Jasmin-Parfüm dazu. Das hebt die Stimmung." Ich muss sagen, seitdem habe ich immer Jasmin-Parfüm zu Hause.

Ayurveda-Kosmetik ist auch nicht nur für Frauen geeignet. Peelings, Masken, Cremes und Öle sind auch für die Herren der Schöpfung absolut empfehlenswert. Mein Mann liebt zum Beispiel das selbstgemachte Kaffeepeeling, verwendet natürliche Deos und würde niemals uneingecremt das Haus verlassen. Auch ich liebe selbstgemachte Ayurveda-Kosmetik. Nicht nur, weil sie viel günstiger und gesünder ist. Diese Kosmetikprodukte riechen auch so wunderbar und fühlen sich auf der Haut so leicht und locker an. Zudem sind diese Produkte sehr gut verträglich und auch Menschen, die auf alle Art von

Kosmetika allergisch reagieren, haben mit diesen Ayurveda-Produkten oft keine Probleme.

Ayurveda-Kosmetik ist Natur pur und auch für Veganer größtenteils geeignet, da vieles ohne Tierprodukte hergestellt wird und natürlich auch nicht an Tieren getestet wurde. Vor allem dann nicht, wenn du diese Kosmetika selbst zu Hause herstellst.

Auch bei der Ayurveda-Kosmetik ist es wichtig, dass du deinen Dosha Typ kennst, denn so kannst du dir die richtige Kosmetik zubereiten. Wenn du ein Vata-Typ bist, dann hast du in der Regel blasse, dünne und trockene Haut. Vata-Typen bekommen häufig sehr früh Falten, weil die Haut sehr schnell dehydriert. Meist mangelt es ihnen auch an ausreichend Hautfettung. Wenn du ein Vata-Typ bist, musst du vor allem auf feuchtigkeitsspendende Kosmetik setzen.

Die Haut der Pitta-Typen ist häufig gerötet und empfindlich. Pitta Typen schwitzen schnell und bekommen rasch Pickel. Vielleicht leidest du auch unter Akne. Daher sind für Pitta-Typen beruhigende und reinigende Pflegeprodukte das A und O.

Die Haut der Kapha-Typen ist dick, meist fettig und die Poren sind häufig groß und ausgeprägt sichtbar. Kapha-Typen neigen nicht zu einer frühzeitigen Faltenbildung. Hier kann es jedoch zu übermäßiger Talgproduktion kommen, welche die Poren verstopft und die Haut unrein erscheinen lässt. Kapha-Typen brauchen eine reinigende Kosmetik und Produkte, welche die Haut zum Glänzen bringen.

Gute Zutaten für Vata-Typen sind Sandmalve, Winterkirsche, Mimose, wilder Spargel, Nachtkerzenöl,

Orangen, Aromaöle und indische Feige. Die Haut der Pitta-Typen liebt Sandelholz, Cameliensamenöl, Ylang-Ylang Aromaöl, blaue Seerose und Wasserlilie. Wenn zu viel Kapha vorhanden ist und die Haut talgig ist, so hilft am besten eine Seife aus Kurkuma. Kurkuma ist ohnehin ein Gewürz, das du immer zu Hause haben solltest. Rosmarin und Kalmus helfen ebenfalls bei zu viel Kapha. Kapha-Typen sollten auch ihre Cremen auf Kakaobutter-Basis ansetzen.

Aloe Vera ist ein Produkt, das für alle Dosha-Typen sehr gut ist, Feuchtigkeit spendet, beruhigt und die Haut jung hält. Buttermilch und Ziegenmilch werden in der Ayurveda-Kosmetik ebenfalls gerne als Basis für Masken verwendet. Kurkuma und Ghee ist ebenfalls eine traditionelle Mischung für eine traditionelle Ayurveda-Maske. Diese wird traditionell vor Veranstaltungen und vor allem vor Hochzeiten aufgelegt, da diese Maske die Haut so richtig zum Strahlen bringt.

Eine sehr beliebte und wirksame Maske gegen Hautunreinheiten und Pickel wird aus Bockshornklee und Wasser angerührt. Diese Mischung wird aufgetragen und über Nacht eingewirkt. Auch Rosenwasser und Limettensaft im Verhältnis 1:1 wirkt gut gegen Hautunreinheiten und wird direkt auf die Pickel aufgetragen. Auch Moringapulver und Limettensaft ergibt eine gute Paste gegen Pickel. Moringa ist das Pulver des Meerrettichbaums und ist in Asien absolut beliebt. Es ist auch als Medikament toll und unterstützt das Immunsystem enorm.

Acacia Arabica hilft gegen Zahnfleischbluten, Acacia Concinna hilft gegen Schuppen, Alpiniaglanga ist antibakteriell und Kurkuma verbessert den Teint. Aus Rosmarin kannst du ein reinigendes Gesichtswasser herstellen und

Sesamöl sowie Rizinusöl fördern das Haarwachstum. Nelkenöl ist betäubend und das Öl kannst du, wie auch Teebaumöl, auf entzündetes Zahnfleisch auftragen. Auch Kokosöl hilft bei allen Arten von Entzündungen. Arnika hilft bei Verbrennungen und zum Desinfizieren. Ringelblumen sind abheilend und helfen gegen Hautrötungen. Ein absoluter Jungbrunnen und meine ganz persönliche Anti-Falten Creme wird aus Kokosöl, Shea Butter und Hanfblüten hergestellt. Diese hat auch eine absolut heilende Wirkung und diese Creme habe ich immer und überall zur Hand. Egal ob ich eine Verletzung, eine Schwellung oder die Hunde ein Ekzem haben, diese Creme wirkt immer. Zudem werden Narben schöner, auch langjährige Narben, und Falten sowie Cellulite verschwinden.

Ebenfalls ein absoluter Geheimtipp ist die Ayurveda-Schönheitsmaske aus 1 EL Kurkuma, 1 EL Honig und 1 EL Zitronensaft. Die Maske solltest du 20 Minuten einwirken lassen. Aber Vorsicht, der Kurkuma färbt sehr stark, also auf keinen Fall auf Kleidung bringen. Leg dir dazu am besten ein altes Handtuch um, denn auch aus dem Handtuch wirst du die Flecken nur schwer herausbringen. Die Maske kannst du ein bis zweimal pro Woche auftragen, aber bitte nicht öfter, damit du deine Haut nicht überforderst.

Für ein tolles Peeling mischt du in gleichen Teilen Kaffeepulver, ich verwende alten Kaffeesatz, Salz und Zucker. Dann gibst du einige Tropfen Kokosöl auf die Hand, nimmst etwas von der Mischung und peelst damit den feuchten Körper ab. Danach mit lauwarmem Wasser abduschen und am besten nicht abtrocknen, sondern an der Luft trocknen lassen. Danach den Körper mit Kokosöl einreiben.

Ich habe zu Hause eine ganze Sammlung an Kokosölen, die ich mit den unterschiedlichsten Kräutern und Gewürzen angesetzt habe. Dazu einfach das Öl mit dem gewünschten Kraut oder Gewürz für 10 Minuten auf 60° Celsius erhitzen und in eine Flasche füllen. Du kannst jedes Gewürz und jedes Kraut verwenden, das deinem Körper gut tut. Auch duftende Massageöle stellst du auf diese Weise her. Achte bei Blüten aber unbedingt auf Bio-Qualität, am besten aus dem eigenen Garten.

Zu viel Vata ist auch dafür verantwortlich, dass deine Haare und deine Haut trocken werden. Für eine schöne Haut und schöne Haare solltest du viel leichtes Gemüse mit einem hohen Wassergehalt essen: Spargel, Salat, Gurken, Fenchel und Karotten sind dafür am besten geeignet. Diese Gemüsesorten sind für alle Hauttypen und alle Doshas perfekt. Deine Salate solltest du mit einem Dressing aus Zitronensaft und Olivenöl genießen und die Salate mit Nüssen und Samen verfeinern. Leinsamen, Sonnenblumenkerne und Mandeln sind für eine trockene Haut und spröde Haare besonders gut.

# Von Gesundheit und Krankheit

Das Wichtigste im Ayurveda ist, dass man die Krankheit nicht als endgültigen Schlusspunkt ansieht. Jede Krankheit kann auch wieder geheilt werden, da hier Krankheiten nur als Zeichen angesehen werden, dass mit den Doshas etwas nicht stimmt und dass der Körper nicht in seinem Idealzustand ist. Wahrscheinlich war es auch mein großes Glück, dass ich mich schon länger mit Ayurveda befasst hatte und ich meinen Krebs nicht als so dramatisch aufgefasst hatte. Das hört sich für alle, die mich nicht kennen, sehr eigenartig an, es ist jedoch wirklich so, dass ich mit der Krankheit in relativ guter Harmonie lebe. Und ich kenne auch so viele Menschen, die diesen oder andere Krebsarten sehr gut überlebt haben und sich von dem bösartigen Schalentier wieder getrennt haben. Natürlich muss man hierbei sehr geduldig sein und vor allem auch konsequent und man benötigt viel Zuversicht und gute Laune. Optimal ist es auch, wenn man wie ich so viele liebe Menschen im Umfeld hat, die einen unterstützen und hinter einem stehen.

Wenn du nun also wirklich erkrankt bist und nicht nur leichte Anzeichen einer Erkältung hast, möchtest du vielleicht zu einem Ayurveda-Spezialisten gehen. Diese gibt es mittlerweile auf der ganzen Welt und in jedem Land sind Ayurveda-Therapeuten zu finden, meist in großen Städten. Hier läuft die erste Behandlung in der Regel immer in drei Etappen ab:

Der erste Part ist das Rogi Pariksha, dies ist die Patientenuntersuchung. Es werden Daten aufgenommen und die Beschwerden werden vorgetragen. Du wirst ganzheitlich, psychisch und physisch betrachtet. Es kommt zu einer Pulskontrolle, einer Augen- und Zungendiagnostik und es wird über deine Ernährung, deine Lebensweise und deine Ziele gesprochen.

Der zweite Teil nennt sich Roga Pariksha. Hierbei geht es um die Diagnostik oder Beleuchtung der Erkrankung selbst. Die Krankheitsgeschichte und die Symptome werden aufgezählt und betrachtet. Das betroffene Gewebe, die Körperzonen oder Organe werden angesehen und es wird festgestellt, wie weit fortgeschritten die Krankheit bereits ist.

Nun kommt es im zweiten Teil auch zum sogenannten Bala Pramana Jananam. Die ist die Ermittlung der Widerstandskraft des Patienten gegen die Krankheit.

Im Anschluss folgt nun der dritte Teil: die Schlussfolgerung. Hier steht vor allem der Patient im Vordergrund und sein Verhältnis zu der Krankheit. Bei einem Ayurveda-Spezialisten solltest du darauf gefasst sein, dass sehr viele, sehr intime Fragen kommen und auch nicht überrascht sein, wenn sich der Therapeut nach der Farbe und Konsistenz deines großen Geschäfts erkundigt. Dies ist für die Beurteilung der Krankheit sehr wichtig. Auch Fragen zu deinem Schweiß, wie er riecht oder ob du Ausflüsse oder Auswürfe hast, werden aufkommen.

Ayurveda-Behandlungen sind sehr direkt, sehr intim und sollten auf Vertrauen und Respekt aufgebaut sein. Garantiert wird es dir eigenartig vorkommen, wirf jedoch deine Scheu über Bord, es ist das Natürlichste auf der Welt, über diese Dinge zu sprechen und ein Ayurveda-Arzt ist genau dazu da. Und nur anhand dieser Dinge kann er eine genaue Diagnose gemäß Ayurveda stellen. Es bringt also nichts, irgendetwas aus Scham zu verheimlichen oder zu beschönigen.

In der Ayurveda-Diagnostik ist alles sehr individuell, dennoch gibt es einige Regeln, die fast immer zutreffen. Alles Feste und Schmierende wird von Kapha beherrscht. Alles, das sich zersetzt oder umwandelt, wird von Pitta dominiert und alles, das dynamisch und in Bewegung ist, wird von Vata beeinflusst.

Asthma und Atemwegserkrankungen resultieren meist aus einer Kapha-Störung. Hauterkrankungen, Allergien und Augenerkrankungen entstehen in den meisten Fällen durch eine Pitta-Störung und Nervenerkrankungen, aber auch MS zum Beispiel, haben ihre Ursache in vielen Fällen in einer Vata-Störung.

Vata gilt als das Königsdosha. Es arbeitet dominant und meist wird es bei Erkrankungen vorrangig behandelt. In beinahe allen Fällen ist es so, dass ohne Vata keine Veränderung, also auch keine Heilung, möglich ist, da alles ohne dieses Dosha abstirbt.

Wie du bereits mitbekommen hast, spielt sich bei der Ayurveda-Heilkunde sehr viel im Darm ab. Daher sind die Ernährung, die Verdauung und auch die Entgiftung so wichtig für unsere Gesundheit. Vata befindet sich im Dickdarm, Pitta im Dünndarm und Kapha im Magen. Doch auch wenn diese Doshas dort ihren Hauptwohnsitz haben, befinden sich Teile der Doshas in unserem gesamten Körper.

Im Magen jedoch wird Kapha sozusagen produziert. Hier wird unsere Nahrung zu Nahrungsbrei zersetzt. Dadurch wird Ahara Rasa und auch Kapha freigesetzt. Beides wird von hier aus zum Herzen transportiert und vom Herzen aus im gesamten Körper verteilt. Von hier aus werden auch die Organe versorgt, die einen hohen Bedarf an Kapha haben. Dazu gehören Gehirn, Muskeln und Fettgewebe.

Im Dünndarm wird der Nahrungsbrei weiter verarbeitet und durch die Zersetzung entsteht noch mehr Ahara Rasa. Hier entsteht nun auch Pitta. Durch den Entzug von Wasser entsteht im Dickdarm Vata zusammen mit dem letzten Ahara Rasa. Vata wird von hier aus an die Nerven und Knochen verteilt und Pitta zum Beispiel an die Augen.

# Ayurveda und Medizin

Die ayurvedische Medizin ist von der Natur gegeben und wir selbst sind Medizin. Die wichtigste Medizin ist die Erkenntnis. Bevor Tinkturen, Kräutermischungen und Kapseln verabreicht werden, wird vor allem an den Lebensumständen und an der Ernährung gearbeitet. Doch es gibt auch Medikationen im Ayurveda.

Im Ayurveda wird der medizinische Bereich in acht Sparten eingeteilt. Es gibt sowohl die Heilkunde für Frauen und Kinder, die Gesundheitsförderung, die innere Medizin, HNO und Augenkunde, die Revitalisierung und Sexualkunde, die Chirurgie, die Psychologie und die Toxikologie.

Es gibt Krankheiten und Leiden, die mit Ayurveda besonders gut in den Griff zu bekommen sind. Menstruationsprobleme, Allergien, Übergewicht oder Untergewicht, Probleme mit den Atemwegen. Depressionen, Kopfschmerzen und Migräne, Stress, Probleme mit dem Blutdruck, Schlafprobleme, Heuschnupfen, Probleme mit der Verdauung, Hautkrankheiten und Probleme mit den Gelenken.

# Ayurveda und Frauenprobleme

Kapha-Frauen sind während der Menstruation meist extrem müde und lustlos. Vata-Frauen haben häufig eine besonders starke Menstruationsblutung und Pitta-Frauen müssen während der Menstruation mit Hitzewallungen und Übersäuerung rechnen. Der erste und schnellste Weg, diese Doshas in Reih und Glied zu bringen ist, auf Alkohol, Kaffee und Zigaretten zu verzichten. Du wirst dich echt wundern, wie viel das bereits ausmacht. Ich hätte mir auch nie denken können, auf meinen heißgeliebten Kaffee verzichten zu können. Jetzt trinke ich bereits ewig keinen mehr und fühle mich viel besser. Ich hatte auch nie das Verlangen danach oder einen Entzug. Ab dem Tag, an dem ich beschloss, keinen mehr zu trinken, war es so. In der Früh trinke ich meine Kräutertees und im Kaffeehaus gönne ich mir eine heiße Schokolade, Matcha Latte, wenn diese mit Nussmilch angeboten wird, oder Masala-Tee, wenn ich ganz großes Glück habe. Zu Hause trinke ich abends gerne einen Gewürztee mit viel Kardamom und Zimt.

Alkohol trinke ich seit mehr als 15 Jahren so gut wie keinen mehr. Ich denke, ich habe in den letzten 3 Jahren vielleicht ein Glas Sekt und ein Glas Biergemisch getrunken. Ich war aber früher garantiert keine Heilige und habe in der Jugend garantiert über die Stränge geschlagen. Woran ich selbst noch arbeiten muss, ist mein Laster:

Das Rauchen. Du siehst, auch ich habe Laster und bin nicht absolut fehlerlos. Doch auch das wird mit noch gelingen – also das Rauchen aufzuhören, fehlerlos zu werden garantiert nicht.

Muskat, Gartenkresse, Knoblauch und Dillsamen sind die Heilkräuter und Gewürze, die bei Menstruationsproblemen für Abhilfe sorgen. Ich habe diese Probleme nicht mehr, da ich durch den Krebs frühzeitig in den Wechsel gekommen bin. Ich habe damit aber auch keinerlei Probleme. Zuvor aber habe ich stets meinen Tee mit Muskat getrunken und schon zwei Tage vor der Menstruation Salate mit Kresse, Knoblauch und Dillsamen gegessen und während dieser Tage vermehrt mit diesen Kräutern und Gewürzen gearbeitet. So konnte ich mir schnell viele Schmerztabletten sparen und fühlte mich auch während meiner Tage ausgeglichen und fit.

Wenn du eine Kapha-Frau bist, so solltest du zusätzlich etwa 10 eingeweichte und geschälte Mandeln zum Frühstück essen. Für alle Frauen ab 40 gilt, dass Safran, Basilikum, Muskat und frische Möhren in so vielen Mahlzeiten als nur möglich vorkommen sollten. Diese haben eine Anti-Aging-Wirkung und helfen dabei, dass der Körper nicht übermäßig schnell altert. Generell gelten rohes Obst und rohes Gemüse ebenfalls als absoluter Jungbrunnen.

# Kopfschmerzen – Migräne und Ayurveda

Kopfschmerzen sind ein sehr weit verbreitetes Leiden in der heutigen Zeit. Häufig steckt natürlich Stress dahinter. Wenn du regelmäßig meditierst oder Yoga betreibst, so werden sich diese Symptome rasch bessern. Sie können aber auch von der Ernährung kommen. Mein Mann bekommt zum Beispiel von bestimmten Lebensmitteln Kopfschmerzen. Ganz oben auf der Liste steht Parmesan. Auch auf alle anderen Käsesorten, die hart, aromatisch und stark kristallisierend sind, reagiert er häufig mit einer Migräne-Attacke. Genau dies sind jedoch die Käsesorten, die ihm besonders gut schmecken. Kein Wunder, sind es doch genau die Käsesorten, die viel natürliches MSG, also Geschmacksverstärker, enthalten. Er verträgt MSG an sich relativ gut, nur was zu viel ist, ist zu viel. Bei Parmesan ist die Grenze leider überschritten. Da heißt es dann, verzichten oder nur in homöopathischen Dosen genießen.

Es gibt jedoch mehr als 200 Arten von Kopfschmerzen. Es ist also wichtig, dass du zuerst herausfindest, welche Art von Schmerz dich plagt. Oft kann es auch nur sein, dass es ein Spannungskopfschmerz ist, weil du bei der Arbeit falsch sitzt, dich die Sonnenbrille drückt oder du ständig die Stirn runzelst. Ja, du lachst jetzt vielleicht, aber dies können Auslöser sein, die man selbst oft nicht bemerkt. Auch ein falsches, zu hartes, zu weiches, zu hohes oder zu niedriges Kissen kann für Kopfschmerzen verantwortlich sein. Im Ayurveda wird viel Wert darauf gelegt, dass alles genau analysiert wird. Natürlich ist es einfacher, eine Schmerztablette einzuwerfen, aber ob es auch gesünder ist, das lassen wir einmal dahingestellt.

Spannungskopfschmerzen liegen meist auch einer Vata-Störung zugrunde. Hier hilft es, wenn du ausreichend schläfst. Versuche wirklich, vor 22 Uhr zu Bett zu gehen und halte dich diszipliniert daran. Dies kann wahre Wunder wirken. Auch wenn du sagst, dass du ja kein kleines Kind mehr bist und nicht mit den Hühnern ins Bett gehen willst, du solltest dennoch überlegen, was dir deine Gesundheit Wert ist.

Auch kann es bei Kopfschmerzen hilfreich sein, wenn du vor allem abends kein tierisches Eiweiß mehr zu dir nimmst. Generell kann ein Zuviel an tierischem Eiweiß für Kopfschmerzen sorgen.

Auch bei Kopfschmerzen gilt, auf Nikotin, Alkohol, Kaffee und Schwarztee zu verzichten. Auch wenn ein altes Heilmittel der berühmte Espresso mit Zitrone ist, dieser hilft aber am ehesten bei Hang-Over-Kopfschmerzen. Versuche es doch besser ohne.

Panchakarma, also die 5-stufige Entgiftung, hilft ebenfalls sehr gut gegen Migräne und heftige Kopfschmerzen.

Wenn du ständig unter Kopfschmerzen leidest, solltest du auch auf scharfe und fermentierte Speisen, auf Zucker und Weißmehl verzichten. Auch Früchte mit hoher Säure und vor allem Zitrusfrüchte sollten vermieden werden. Ebenso ein No-Go sind frittierte und verarbeitete Speisen, also Fertigprodukte, Dosengerichte, Fertigsuppen und auch Würzmischungen. Fleisch und Milchprodukte sollten bei Kopfschmerzen ebenfalls vom Speiseplan gestrichen werden.

Du solltest dich vor allem sehr ballaststoffreich ernähren und viel süßes Obst essen. Auch Gemüse und Vollkornprodukte helfen dir dabei, deine Kopfschmerzen schnell loszuwerden. Ebenso wichtig ist es, ausreichend Wasser und ungesüßte Kräutertees zu trinken.

Du kannst dir auch eine Paste aus Sandelholz, Heilerde und Rosenwasser anrühren. Diese wird auf die Schläfen aufgetragen.

Auch ein Gesichtsdampfbad hilft oft sehr gut. Dazu gibst du 1 EL Essig, ½ TL Nelkenpulver und etwas Zimtöl in kochendes Wasser und hältst den Kopf darüber. Du kannst die Wirkung verstärken, indem du ein Handtuch über deinen Kopf legst. Du kannst auch ein Gesichtsdampfbad verwenden und mit diesen Zutaten befüllen.

# Gelenksschmerzen, Arthrose und Ayurveda

Diese Erkrankungen zählen im Ayurveda zu den Vata-Erkrankungen. Auch Probleme mit den Muskeln, Sehnen, Knorpeln und Knochen zählen hier dazu. Wenn du Probleme mit den Schleimbeuteln, den Nerven oder den Bändern hast, dann fallen diese ebenfalls unter diese Kategorie.

Bei diesen Problemen wird vor allem mit warmen Ölen behandelt. Leichte Schmerzen werden mit Sesamöl, mittlere Schmerzen mit Lakshadi Enna und starke Schmerzen mit Narayana oder mit Maha Narayana Thailam behandelt.

Wenn du unter Problemen mit Gelenken und Co. leidest, solltest du zum Kochen immer Ghee, das gereinigte Butterfett, verwenden. Eine beliebte Medizin für derlei Erkrankungen ist auch Ghee vermengt mit fünf bitteren Kräutern. Auch lauwarmes Ingwer-Wasser ist absolut ratsam.

Indische Myrrhe mit Ghee vermengt und leicht erwärmt ist auch hervorragend für Umschläge bei Muskelschmerzen, Gelenkentzündungen und bei ähnlichen Problemen geeignet.

# Wundheilung und mehr mit Ayurveda

Kurkuma ist auch hier wieder ganz oben auf der Liste. Du kannst Kurkuma in Kapselform einnehmen. Dabei solltest du jedoch darauf achten, dass Kurkuma immer mit schwarzem Pfeffer eingenommen werden sollte, damit er seine volle Wirkung entfalten kann. Du kannst auch Kurkuma-Öle, Cremen oder Balsams anrühren und auf die betroffenen Stellen geben.

Dhanvantaram Thailam ist ebenfalls ein sehr bekanntes Ayurveda-Öl. Es ist nach dem berühmten Gott der Ayurveda-Heilkunde benannt und in jedem gut sortierten Ayurveda-Shop erhältlich. Neben dem Mahanarayanam Thailam-Öl ist dies ebenfalls gegen Entzündungen und für Wundheilung ausgezeichnet geeignet. Auch die Murivenna-Salbe auf Basis von Kokosfett ist typisch Ayurveda und ein Must-have, auch bei Sportlern und allen, die häufig Zerrungen oder Muskelkater haben.

# Diabetes und Ayurveda

Diabetes ist keine Erkrankung der modernen Zeit, obwohl die Häufigkeit durch unseren Wohlstand und durch die zunehmend falsche Ernährung stark zunimmt - erschreckend stark, wie man sagen sollte. Doch bereits in 2.000 Jahre alten medizinischen Ayurveda-Büchern wurde über Diabetes des Typs 1 und Typs 2 berichtet. Diabetes bedeutet generell, dass der Blutzuckerspiegel erhöht ist. Dieser ist krankhaft erhöht, da der Körper selbst nicht mehr in der Lage ist, den Blutzucker zu verarbeiten.

Diabetes Typ 1 bedeutet, das Immunsystem ist gestört. Dies ist jene Zuckerkrankheit, bei welcher der Betroffene regelmäßig Insulin spritzen muss. Auch ist es wichtig, dass hier die Ernährung drastisch und konsequent umgestellt werden muss.

Bei Betroffenen der Diabetes Typ 2 handelt es sich meist um Menschen, die sowohl stark übergewichtig sind, unter einem hohen Cholesterinspiegel und einem hohen Blutdruck leiden. Alles in allem nicht die besten und gesündesten Voraussetzungen für ein langes Leben. Diabetes Typ 2 kann sehr häufig hausgemacht sein. Ein zu lasches Leben, viel zu wenig Bewegung, zu viel ungesundes Essen und häufige Nickerchen tagsüber begünstigen Diabetes Typ 2.

Diabetes Typ 2 kann jedoch auch gut unter Kontrolle gebracht werden. Nicht nur ein Ayurveda-Therapeut, auch jeder Arzt oder auch Naturheilpraktiker wird dir dazu raten, dass du dich mehr bewegen und weniger essen solltest. Vor allem auf Süßes sollte verzichtet werden. Natürlich wird dies nicht von heute auf morgen funktionieren. Meist hat sich die Krankheit innerhalb vieler Jahre manifestiert. Du solltest mit dir und deiner Ernährungsumstellung geduldig sein und dir Schritt für Schritt kleine Ziele setzen. Streiche die Schokolade abends und die fetten Chips vor dem Fernseher und plane dafür täglich immer fünf Minuten mehr an Bewegung ein. Belohne dich auch dafür, wenn du eine Woche toll durchgehalten hast - aber bitte nicht mit einer Tafel Schokolade.

Mit Hilfe von Ayurveda kann Diabetes Typ 2 sehr gut bekämpft werden, obwohl man bei Krankheiten besiegen nie von einem Kampf sprechen sollte. Du würdest dabei deinen eigenen Körper bekämpfen und das wollen wir doch nicht. Ich betone auch immer wieder, dass ich meinen Krebs nicht bekämpfe, sondern die Krankheit oder den unerwünschten Untermieter loswerde.

Wenn du an Diabetes Typ 2 leidest, solltest du von nun an viele Gerstenprodukte in deinen Speiseplan aufnehmen. Du kannst zum Beispiel deine zuckerreichen Cornflakes oder das überzuckerte Müsli durch einen gesunden Gerstenbrei mit vielen Gewürzen ersetzen. Ich habe bereits ein schönes Ayurveda-Kochbuch vorbereitet, welches demnächst auf den Markt kommt. Darin findest du zahlreiche und hilfreiche Rezepte. Du kannst mich aber auch jederzeit auf meiner Autorenseite auf Facebook besuchen, wenn du Tipps und Ratschläge benötigst.

Gelbwurz, Ingwer und Bockshornklee sind ebenfalls wichtige Gewürze, die dir bei Diabetes Typ 2 helfen. Zudem solltest du viel warmes Wasser, ungesüßte Kräuter- und Ingwertee trinken. Starte deine Ernährungsumstellung am besten mit einer Entgiftung. Du kannst dazu mit Glaubersalz abführen, dir einen Koffeineinlauf machen und vielleicht einen Tag mit Gemüsesäften und Smoothies fasten, falls du das schaffst. Auch ein Fastentag pro Woche mit reiner Gemüsesuppe wäre absolut positiv.

Wenn du unter Diabetes Typ 1 leidest, so ist diese Ernährungsumstellung auf Ayurveda ebenfalls sehr ratsam. Du solltest jedoch jeden Schritt immer mit deinem Diabetes-Arzt abklären.

# Bluthochruck und Ayurveda

Bluthochdruck ist eine Volkskrankheit und es leiden viele Menschen darunter, ohne sich darüber bewusst zu sein. Bluthochdruck kann sehr gefährlich sein. Man bemerkt ihn vielleicht lange nicht oder nimmt ihn nicht ernst, bevor er dich umhaut. Stellt dein Arzt Bluthochdruck fest, so wird er dir meist, je nach Schwere der Beschwerden, Medikamente verschreiben. Damit sind zwar die Symptome beruhigt, die Gefahr ist jedoch nicht gebannt. Vor allem solltest du auf Alkohol, Nikotin, Kochsalz und Stress verzichten. Auch wäre es optimal, wenn du mehr Bewegung in deinen Lebensalltag einbaust. Meist ist auch eine Gewichtsreduktion absolut von Vorteil.

Hypertonie oder Bluthochdruck wird im Ayurveda Ucca Ractacapa oder Ractacapa Vrddhi genannt. Im Ayurveda wird dies ganzheitlich behandelt, da man hier davon ausgeht, dass sowohl das Blutgewebe, die Gefäße, das Herz und auch Vata, Pitta, Kapha und die Rajas an der Erkrankung beteiligt sind.

Meist trifft diese Erkrankung Menschen, bei welchen Vata und Pitta dominieren. Im ersten Schritt müssen daher die Doshas harmonisiert und die Blutgefäße erweitert werden. Das Herz muss gestärkt und das Blut gereinigt werden. Auch sollten mentale Spannungen absolut reduziert werden. Dies funktioniert im Ayurveda nicht mit

Medikamenten, sondern durch eine Umstellung der Lebenssituation. Wie du dir sicher denken kannst, muss auch mit der Ernährung gravierend etwas passieren.

Obst, Gemüse, Getreide, Hülsenfrüchte und Nüsse sollten von nun an ganz oben auf der Ernährungspyramide stehen. Tierisches Eiweiß und tierische Fette sollten - so gut es geht - gestrichen und auch auf Kochsalz verzichtet werden. Auch solltest du bei Bluthochdruck auf einen optimalen Tages- und Nachtrhythmus achten. Ausreichender und gesunder Schlaf tragen viel zu einem regulierten Blutdruck bei.

Sehr wichtig ist auch, dass du eine ausgewogene Work-Life-Balance findest. Ist dein hohes Vata Schuld an deinem Bluthochdruck, so sind ayurvedische Massagen eine gute Unterstützung. Vor allem Fußreflexzonenmassagen wirken sich hier absolut positiv aus. Vielleicht solltest du es auch mit dem Stirnguss probieren, der dich ebenfalls wunderbar entspannen kann.

# Ayurveda und ein hoher Cholesterinspiegel

Viele Menschen leiden unter einem erhöhten Cholesterinspiegel. In den meisten Fällen, es sind etwa mehr als 70 %, sind eine falsche Ernährung und eine ungesunde Lebensweise dafür verantwortlich. Vor allem eine fettreiche Ernährung sorgt für einen hohen Cholesterinspiegel. Gesättigte Fettsäuren und Transfettsäuren sind hier die Bösewichte und wir achten zu wenig darauf, dass unsere Nahrung mehr Ballaststoffe und Omega 3-Fettsäuren enthält.

Es kann jedoch auch durch die Einnahme von Medikamenten, durch Alkoholismus, durch eine Fehlfunktion der Schilddrüse, Nierenkrankheiten oder Diabetes zu einem erhöhten Cholesterinspiegel kommen. In manchen Fällen kann auch eine Fettstoffwechselstörung vererbt werden, die ebenfalls den Cholesterinspiegel in die Höhe schnellen lässt.

Laut Ayurveda muss bei einem erhöhten Cholesterin immer eine Fehlfunktion der Leber behandelt werden. So muss in erster Linie die Leber gestärkt werden. Der Körper muss ausgiebig entgiftet und anschließend mit Kräutern und Ölen behandelt werden. Hierfür ist es jedoch wichtig, dass dies ein ausgebildeter Therapeut in Angriff nimmt. Die Kräuter und Tinkturen, sowie auch die spezifischen Anwendungen müssen korrekt auf die einzelnen Doshas abgestimmt werden.

Bewegung, Meditation und Yoga unterstützen jedoch die Therapie ungemein. Vor allem aber solltest du, wenn du unter einem hohen Cholesterinspiegel leidest, auf eine leichte Ernährung umsteigen. Rohkost ist hier das Wort, das von nun an auf deinem Speisplan steht. Salate und Rohkost sollten zu Mittag und gekochtes Gemüse und Hülsenfrüchte abends verzehrt werden.

Eine kapha-reduzierte Ernährung trägt dazu bei, den Cholesterinspiegel zu senken. Auch eine Panchakarma Entgiftung hilft dir dabei, den Cholesterinspiegel wieder in den Griff zu bekommen.

Im Ayurveda gibt es auch ein altes Hausmittel, welches zum Senken des Cholesterinspiegels beiträgt. Hierbei handelt es sich um den sogenannten Zitronen- und Knoblauch-Sud. Du benötigst dafür 30 Knoblauchzehen und fünf Zitronen. Die Zitronen werden mitsamt der Schale mit dem Knoblauch im Mixer püriert. Achte daher auf eine gute Bio-Qualität. Die Masse kochst du nun mit einem Liter Wasser auf. Seihe nun alles durch ein Sieb in eine Flasche ab und trinke täglich etwa 4 cl von diesem Sud. Die Flüssigkeit sollte unbedingt im Kühlschrank gelagert werden.

Ebenfalls gut gegen einen hohen Cholesterinspiegel sind Koriandersamen. Diese zermörserst du leicht und weichst sie über Nacht in Wasser ein. Am nächsten Morgen isst du sie auf nüchternen Magen. Ingwer, Zimt, Knoblauch und Kurkuma sind typische ayurvedische Gewürze, die dir beim Senken des Cholesterinspiegels helfen.

# Ayurveda und Allergien

Allergien sind lästig und betreffen immer mehr von uns. Früher kannte man maximal den Heuschnupfen und auch hier waren nur wenige Betroffen. Ob nun die steigende Umweltverschmutzung, die Resistenz gegen Medikamente oder die falsche Lebensweise daran schuld sind, darüber streiten sich die Geister. Fakt ist, dass Allergien immer häufiger werden.

Pollenallergien waren jedoch bereits vor einigen tausend Jahren im Ayurveda bekannt und wurden bereits in den ersten Ayurveda-Büchern beschrieben. Hierfür ist meist das Kapha verantwortlich. Wenn du ein Zuviel an Kapha produzierst, kann es zu einer allergisch bedingten, asthmatischen Bronchitis kommen. Laut Ayurveda ist eine Allergie eine körperliche Reaktion auf Fremdpartikel.

Menschen, die nicht an Allergien leiden, verfügen über ein starkes Ojas, über ein gutes Immunsystem und gute Abwehrkräfte. Hier spielt ebenfalls die Verdauung eine große Rolle, denn wer gut verdaut, bildet ein gutes Ojas. Dieses schützt deinen Körper und hilft dir dabei, kräftige Abwehrkräfte zu bilden.

Ist deine Bildung der Ojas gestört, so bist du anfällig für Allergien. Dein Verdauungsfeuer ist gestört und Abfallstoffe und Giftstoffe können deinen Körper angreifen. Die Giftstoffe verkleben und blockieren deine Kanäle und es kann zu Entzündungen kommen. Allergien können - laut

Ayurveda - demnach reguliert werden, wenn Verdauungs- und Stoffwechselenergie in Einklang gebracht werden.

Hier spielt deine ausbalancierte Tagesroutine eine große Rolle. Gehe früh ins Bett und stehe zeitig auf. Ölmassagen und Meditation helfen ebenfalls genauso wie hochwertige Nahrungsmittel, deine Allergien in den Griff zu bekommen.

Heißwasser-Trinkkuren unterstützen dich bei dem Vorhaben, Allergien zu beseitigen, ebenfalls und auch solltest du darauf achten, dich den Jahreszeiten angepasst und angemessen zu kleiden. Vor allem im Februar und März, der Kapha-Zeit, solltest du etwas kürzertreten und dir, so gut es geht, eine Auszeit gönnen. Um gegen Allergien vorzugehen hilft es auch, wenn einmal pro Woche einen reinen Trink-Tag einlegst. Auch auf tierisches Eiweiß solltest du verzichten.

Gesichts-Dampfbäder sind exzellent, wenn bereits eine Allergie akut ist.

# Asthma und Ayurveda

Wenn die Doshas gestört sind, kommt es zu vermehrten Wasser- und Schleimansammlungen im Körper. Überanstrengst du dich, so vermehrt sich das Vata. Ist das Pitta zu hoch, kann es zu Entzündungen kommen. Ein übermäßiges Kapha sorgt für Wasseransammlungen. Für deine Asthma-Anfälle kann eine Vielzahl an gestörten Doshas schuld sein.

Lebensweise und Ernährung spielen hier ebenfalls eine wichtige Rolle. Du solltest Asthma jedoch immer von einem Ayurveda-Therapeuten abklären lassen, da die Behandlung sehr individuell ist. Generell wirkt eine Panchakarma-Reinigung sehr gut gegen Asthma. Mit dieser Kur kannst du Stoffwechselrückstände und Giftstoffe aus deinem Körper abtransportieren, die für die Blockaden deiner Atemwege verantwortlich sein können.

Auch Ölmassagen und Behandlungen mit speziell abgestimmten Kräutermischungen werden bei Asthma verordnet. Heißes Wasser, das über den ganzen Tag verteilt in kleinen Schlucken getrunken wird, kann dein Asthma lindern. Das Wasser hilft dir ebenfalls bei der Reinigung des Körpers. Zudem solltest du auf leichte Nahrung umstellen, da diese deinen Körper nicht zusätzlich belastet.

Du wirst dir nun denken: „Im Ayurveda sollte man immer nur leichte Nahrung essen – warum ist das so, oder ist das nur eine bequeme und praktische Aussage?“ Das kommt daher, da sich 80 Prozent aller Immunreaktionen im Darm abspielen und von hier aus gesteuert werden. Daher ist die Ernährung so wichtig. Es ist nicht meinem Geist entsprungen, sondern tatsächlich eine alte Tradition. Glaub mir, auch für mich war es eine Umstellung. Mittlerweile habe ich mich aber an eine leichte Ernährung gewöhnt und mir wird schlecht, wenn ich einmal ordentlich über die Stränge haue. Natürlich passiert es mir dies auch jetzt hin und wieder noch, denn wie gesagt, auch ich bin nicht perfekt.

Ausreichend Ruhe ist ebenfalls wichtig, wenn du unter Asthma leidest. Nur ein ausgeruhter Organismus hat die Möglichkeit, sich selbst zu regenerieren. Denk auch hier wieder an den besonders guten Schlaf vor 22 Uhr.

# Ayurveda und Gastritis

Gastritis ist eine sehr schmerzhafte Entzündung der Magenschleimhaut. Vielleicht musstest du da schon einmal durch und hattest vielleicht sogar bereits eine unangenehme Magenspiegelung. Da bist du nicht zu beneiden. Häufig werden einfach Medikamente verschrieben und dir wird gesagt, dass du auf fettiges und scharfes Essen verzichten solltest. Doch reicht dies aus oder sind Medikamente wieder nur dazu da, um die schmerzhaften Symptome zu unterdrücken?

Doch aus Sicht von Ayurveda kann auch eine chronische Gastritis geheilt werden. Durch Ayurveda kannst du deinen Magen wieder soweit beruhigen, dass du rasch wieder an Lebensqualität gewinnst und auch essen kannst, ohne dabei Schmerzen zu haben.

Natürlich spielt genau bei der Gastritis die Ernährung eine immense Rolle. Für die Verdauung sind - laut Ayurveda - drei Stadien verantwortlich. Das erste Stadium ist die Kapha-Phase. Hier findet die Verdauung im Mund statt. Vor allem Süßes wird hauptsächlich im Mund verdaut.

Die zweite Phase ist das Pitta-Stadium. Dein vorverdauter Brei wird nun zwischen Darm und Magen getrennt. Hier werden vor allem saure Lebensmittel verdaut.

Danach kommt das dritte Stadium zum Zuge. Bei der Vata-Phase werden die Flüssigkeiten von den Abfallstoffen getrennt. Hier werden vor allem bittere Lebensmittel verdaut.

Vielleicht hast du dich schon gewundert, warum in Indien oder Asien allgemein ein Menü häufig mit süßen Lebensmitteln begonnen wird. Die Antwort liegt hier auf der Hand: Süße Lebensmittel sind leichter zu verdauen. Wenn du deine Mahlzeit mit bitteren Lebensmitteln beendest, so ist eine optimale Verdauung gegeben. Die Verdauung der einzelnen Lebensmittel und Gänge behindern sich nicht gegenseitig.

Dein Agni ist dafür verantwortlich, dass es zu Magen- und Darmerkrankungen kommt. Zu viel oder zu wenig Essen, die falsche Kombination von Lebensmitteln und natürlich zu wenig Bewegung führen auch zu Schmerzen im Magen. Ebenso ist es wichtig, dass du alle Geschmacksrichtungen kombinierst und nie einseitig isst.

Stress, Angst und Nervosität können sich ebenfalls auf den Magen schlagen. Ein ausgewogenes Leben hilft dir dabei, deinen Magen zu besänftigen. Achte so gut es geht, dass sich nichts unangenehm auf deinen Magen schlägt.

Auch bei einem Reizdarm kann Ayurveda helfen. Schmerzen, Krämpfe, Blähungen und Verstopfungen gehen hier Hand in Hand und oft weißt du nicht, warum diese Schmerzen jetzt auftreten.

Ein Reizdarm liegt meist an einer Vata-Störung. Dabei ist das Vata zu dominant und die anderen Doshas geschwächt. Es ist daher wichtig, das Vata zu besänftigen und die zwei übrigen Doshas zu stärken. Du musst bei einem Reizdarm auf alle Fälle regelmäßig essen. Abends solltest du immer warme, flüssige und leichte Speisen zu dir nehmen. Das Vata regulierst du auch mit warmen und öligen Speisen sowie mit warmen Getränken. Vielleicht hast du dir schon öfter gedacht, warum beim Inder viele Speisen immer ölig sind – das ist einer der Gründe. Sie sind gesünder und regulieren dein Vata.

Du kannst dir den schmerzenden Bauch auch mehrmals täglich mit warmem Sesamöl vorsichtig massieren. Dies solltest du vor allem morgens vor dem Aufstehen und abends vor dem Schlafengehen durchführen. Es hilft auch, wenn du dir warme Umschläge mit Ingwerpaste auflegst. Dazu raspelst du frischen Ingwer und wärmst ihn mit Sesamöl auf. Du trägst die Paste auf den Bauch auf und bedeckst alles mit einem Baumwolltuch.

Triphala und Churna sind Medikationen, die du abends mit warmem Wasser einnehmen solltest. Triphala sorgt dafür, dass dein Vata wieder in die richtige Bahn gelenkt wird. Amalaki und Ashwagandha helfen dir ebenfalls dabei, deine Doshas auszugleichen.

# Ayurveda und Sodbrennen

Sodbrennen ist absolut unangenehm und wird meist als Lappalie abgetan. Doch gerade Sodbrennen kann ein erstes Anzeichen deines Körpers sein, dass etwas nicht stimmt. Du hast nun die Chance einzugreifen. Doch leider überdecken wir dieses Symptom nur mit Medikamenten.

Bei Sodbrennen solltest du schnellstens auf Fruchtsäfte, Kaffee, Wein und leider auch auf Schokolade verzichten. Oft liegt es auch am Übergewicht, dass Menschen unter Sodbrennen leiden. Daher ist die erste Maßnahme, dass du auf dein Gewicht achtest.

Sodbrennen gilt - laut Ayurveda - als Pitta-Problem. Saure, sehr stark erhitzte, frittierte und auch sehr scharfe Speisen sollten vermieden werden. Auch Fleisch und Joghurt sollten bei Sodbrennen vom Speiseplan gestrichen werden. Es ist eigentlich sehr einfach und es wirkt tatsächlich. Ich selbst habe ja eine Zeit unter unerträglichem Sodbrennen gelitten. Kaum hatte ich mich wieder auf die Ayurveda-Ernährung besonnen, war es auch mit dem Sodbrennen vorbei. Ich hatte Tage, da dachte ich, ich müsste Feuer spucken. Warum ich nicht beim ersten Anzeichen auf die Ernährung geachtet habe, weiß ich nicht. Rückwirkend weiß ich aber, dass es sehr dumm von mir war, denn ich habe ehrlich gelitten und gedacht, mir kommt bei jedem Atmen und bei jedem Wort die ätzende Magensäure hoch.

Auch Stress kann Sodbrennen auslösen. Hier kann dich Yoga unterstützen, das lästige Brennen loszuwerden. Vier Gramm Amla-Pulver mit etwas Rohrzucker kannst du dir einige Male pro Tag in warmem Wasser auflösen und trinken. Auch Avipattika-Churna, zwei bis dreimal täglich, hilft gegen Sodbrennen. Auch das solltest du mit warmem Wasser zu dir nehmen. Beides erhältst du in gut sortierten Apotheken oder beim Ayurveda-Arzt.

Ebenfalls sehr wirkungsvoll ist ein Löffel frischer Papayasaft, den du mit etwas Kardamom und Rohrzucker einnimmst. Dies solltest du immer nach dem Essen einnehmen. Achte auch auf regelmäßiges Essen und achte auf eine ausreichende Pause zwischen den Mahlzeiten. Du solltest deinem Körper mindestens drei Stunden zum Verdauen gönnen.

# Wasser, Gesundheit und Ayurveda

Laut Ayurveda sollten wir viel Wasser trinken. Vor allem warmes Wasser. Wasser ist der Ursprung unseres Lebens und spendet Leben. Du kannst mit Wasser alleine beispielsweise Müdigkeit vertreiben und dich erfrischen. Wasser bringt deine Haut zum Strahlen und deinen Teint zum Glänzen. Wasser beruhigt dein Gemüt und kann deine hitzigen Emotionen abkühlen. Auch für die Verdauung ist lauwarmes Wasser perfekt. Wenn du zu wenig trinkst, leidest du schnell unter Verstopfung.

Wasser hat eine reinigende Wirkung und ist für unsere Haut extrem wichtig. Vielleicht hast du es selbst schon einmal bemerkt, wenn du zu wenig getrunken hast. Die Hände fangen an zu spannen und du kannst gar nicht so viel Handcreme benutzen, wie du benötigen würdest. Die Haut wird schuppig. Vor allem im Winter bemerkst du es, wenn trockene, weiße Hautschuppen in den Strümpfen, Socken oder Strumpfhosen zu finden sind.

Wenn du ausreichend trinkst und immer noch an trockener Haut leidest, dann kann dies an einem niedrigen Agni, deinem Verdauungsfeuer, liegen. Auch kann dein Ama, deine Stoffwechselrückstände, daran schuld sein. Sind deine Kanäle blockiert, so kann das Wasser nicht ausreichend zu allen Zellen transportiert werden.

Am besten ist es in diesen Fällen, wirklich warmes, gekochtes Wasser zu trinken. Ich habe mir schon lange abgewöhnt, Getränke im Kühlschrank aufzubewahren. Wenn ich Gäste habe, dann sage ich immer, kühlt euch bitte eure Getränke ein, denn hier gibt es maximal warmes Wasser oder Wasser, das bei Zimmertemperatur getrunken wird. Und die Zimmertemperatur bei uns liegt eigentlich nie unter 30° Celsius. Ich trinke auch viel heißen Ingwertee und Kräutertee ohne Zucker und ohne Honig.

Wichtig ist jedoch, dass du wirklich mehrmals pro Tag abgekochtes Wasser trinkst. Sobald das Wasser aufgekocht wurde, gewinnt es an Energie und Qualität. Dies ist eine alte Weisheit aus der Ayurveda-Küche und ich finde auch, dass das Wasser dann viel mehr Geschmack und Körper hat. Dabei macht es keinen Unterschied, ob du Flaschenwasser oder Leitungswasser verwendest. Ich trinke beides.

Warmes Wasser hilft dir auch, die wasserlöslichen Giftstoffe aus deinem Körper auszuschwemmen. Du wirst am Anfang sehr häufig zur Toilette laufen und es kann sein, dass dein Pipi riecht, als hättest du Spargel gegessen. Das bedeutet, dass das warme Wasser seine Wirkung zeigt. Der strenge Geruch entsteht durch die Giftstoffe, die ausgeschieden werden.

Ich liebe es auch, mir diverse Gewürzwässer zu erzeugen. Ich koche zum Beispiel Zimt, Nelken und Kardamomkapseln in meinem Wasser mit. Aber auch Kurkuma, Ingwer, Pfefferkörner oder auch einmal eine Vanilleschote sind Gewürze, die deinem Körper guttun. Zudem riecht das Wasser viel aromatischer und lässt sich einfacher trinken. Sollte dir Wasser mit Gewürzen alleine zu langweilig sein, kannst du auch etwas Zitrone oder die Schale einer Zitrone hinzufügen. Vorausgesetzt, die Zitrone ist für dein Dosha optimal.

Die optimale Mischung für Vata-Typen ist 5 Minuten abgekochtes Wasser, das mit Fenchelsamen, Minzblättern und Eibischwurz aromatisiert wurde. Davon solltest du etwa 2 Liter pro Tag trinken. Halte dir dieses Wasser in der Thermoskanne warm, so hält sich die Temperatur über einen langen Zeitraum.

Für Pitta-Typen sollte das Wasser etwa 2 Minuten kochen und mit Fenchelsamen, Rosenknospen und Gewürznelken versetzt werden. Für Kapha-Typen sollte das Wasser auch 2 Minuten kochen, mit Ingwer, Basilikum, Kreuzkümmel und Fenchelsamen aromatisiert werden. Auch diese Typen sollten mindestens zwei Liter heißes Wasser pro Tag trinken.

Es ist immer eine Streitfrage, ob Wasser zum Essen getrunken werden kann oder nicht. Generell solltest du überhaupt nur in kleinen Schlucken zum Essen trinken. Auch ist es wichtig, dass du die Gewürze und Ayurveda-Kräuter im Essen nicht mit Wasser verwässerst.

# Die Anatomie und Physiologie unseres Körpers

Ayurveda ist, wie du bereits kennengelernt hast, darauf aufgebaut, dass der Mikrokosmos und der Makrokosmos eine Einheit bildet. Das Universum, der Mensch, die Umwelt, Tiere, Lebensmittel, Medizin, psychische Belange und alle anderen Dinge bestehen immer aus den fünf Elementen. Alles besteht aus den Mahabhutas. Alles, was wir auf der Welt und auch in unseren Gedanken wahrnehmen können, ist auf Wasser, Erde, Feuer, Luft und Äther aufgebaut. Es macht keinen Unterschied, ob sich diese Dinge materialisieren, ob sie nur fein-stofflich oder auf geistiger Ebene wahrzunehmen sind.

Dein Körper umfasst die sieben Körpergewebe, die Dhatus, die Produkte der Ausscheidung, die Malas und die Körperkanäle, die Srotas. Unser Körper benötigt zum Funktionieren das Agni, den Stoffwechsel und die Doshas als Funktionsprinzipien.

Die Funktionen und Eigenschaften erfolgen auf psychischer und auf physischer Ebene gleichermaßen. Damit du auch wirklich verstehst, wie dein Körper funktioniert, musst du auch die Elemente, alle Wirkungsweisen und Ursachen verstehen.

Äther steht auch für Raum. Es steht für einen fehlenden Widerstand und durchdringende, leichte Eigenschaften. Jeder Mensch benötigt seinen Freiraum, um sich frei bewegen zu können. Er benötigt diesen Raum, um zu kommunizieren und zu wachsen. Nur so kann man sich entfalten und leben. Neben dem Gehör, Mund, Nase, Magen und Darm gehören auch der Brustkorb und die Atmungsorgane zum Äther. Die Psychologie dahinter besagt, dass Äther uns Freiheit und Frieden schenkt. Das Bewusstsein wird durch das Element Äther erweitert.

Auch Mitgefühl und Liebe, aber auch Leere und Isolation, fehlende Erdung, Angst, Furcht und Unsicherheit, sowie das Gefühl abgeschnitten zu sein, manifestieren sich in Äther.

Vayu, die Luft, steht, wie wir bereits wissen, für Bewegung. Dieses Element steht jedoch auch für alles im Körper, das sich bewegt. Die Muskeln, die Atmung, die Lunge, der Herzschlag, Magen- und Darmtraktionen und auch die Impulse des Nervensystems werden hier dazu gezählt. Du siehst, man muss hier weiter in die Materie eindringen. Auch dein Gedankenfluss, dein Verlangen und dein Impuls des Wollens sowie der Tastsinn wird von Vayu, der Luft, beeinflusst. Vayu steht für Glück, Freude, Erregung und Frische. Die Luft verkörpert aber auch Angst, Unsicherheit, Nervosität und Furcht.

Feuer, Tejas, ist leuchtend, heiß und durchdringend. Dieses Element hat die Kraft, alles im Körper und auch außerhalb des Körpers zu verändern. Das Feuer wirkt sich im Körper auf die Verdauung aus und erhält die Körperwärme. Das Feuer sorgt dafür, dass Nährstoffe aufgenommen werden können. Feuer steht für das Sehen, für Licht und für Intelligenz. Du benötigst das Feuer, um alles erkennen zu können, um aufmerksam zu sein, um zu verstehen und um Verständnis zu zeigen. Zudem steht Feuer für Transformation. Das Feuer kann in dir jedoch auch für Wut, Neid, Kritik, Hass, Ehrgeiz, Konkurrenzdenken und übermäßiges Bestreben stehen.

Die Eigenschaften des Elements Wasser, Jala, haben wir ebenfalls schon behandelt. Wasser gilt als zusammenhängend, hat eine hohe Dichte, ist schwer, weich, zäh und kalt. Es bewegt sich fließend und hat eine bindende Eigenschaft. Wasser steht für deinen Geschmackssinn und ohne das Element Wasser könnten deine Geschmacksnerven auf der Zunge nichts schmecken. Wasser ist wichtig für deine Verdauung und essentiell für die Ausscheidung und Entgiftung. Wasser ist Bestandteil des gesamten Körpers. Du bist aus Wasser, es befindet sich im Blut, in den Schleimhäuten, im Plasma, in all deinen Körpersäften, im Schweiß, im Körperfett und im Urin. Jala ist wichtig für deine Ernährung und für deine Lebenserhaltung. Ohne Wasser funktioniert überhaupt nichts. Wasser steht für Liebe, Zufriedenheit und Mitgefühl. Negative Eigenschaften, wie Fettleibigkeit, Wassereinlagerungen und Durst können ebenfalls entstehen.

Erde, Prithivi, ist unbeweglich, stabil, grob, fest und schwer. Erde ist das Element, welches für Langsamkeit, Struktur, Ausdauer und Stärke steht. Neben dem Geruchssinn präsentiert die Erde auch alle festen Bestandteile deines Körpers. Du benötigst dieses Element, um an Dingen und anderen Menschen festzuhalten. Erde steht für Unterstützung, Wachstum und für Vergebung. Erde kann in dir jedoch auch Gier oder Depressionen erzeugen. Auch kann es dazu führen, dass du denkst, es fehle dir an Standfestigkeit.

Du wirst dir jetzt denken, wir haben doch die Elemente bereits grob überflogen. Ich muss jedoch immer wieder darauf eingehen, da die Elemente eine so wichtige Rolle im Ayurveda spielen. Und ich kann mich erinnern, wie schwer es für mich war, die genaue Funktion und die Bedeutung der Elemente zu verstehen. Erst als ich es immer wieder gelesen habe, konnte ich mir einen Reim auf die Bedeutung und die Wichtigkeit machen. So konnte ich auch lernen, wie und wo die Zusammenhänge bestehen.

Wenn dein Körper, Geist und die Seele im Einklang sind und der Organismus gesund ist, dann arbeiten auch die Elemente in dir harmonisch. Kommen die Elemente jedoch durcheinander, ist eines dominanter oder schwächer, so beginnt der Körper krank zu werden.

# Was hat es mit dem Dhatus auf sich?

Beim Dhatus handelt es sich um das Körpergewebe. Auch das haben wir mittlerweile kurz angeschnitten. Im Ayurveda wird der Körper in sieben Körpergewebe unterteilt. Diese sieben Körpergewebe werden im Gesamten als Dhatus bezeichnet. Sie spielen vor allem im medizinischen Bereich von Ayurveda eine wichtige Rolle. Laut Ayurveda resultieren körperliche Beschwerden immer daraus, dass eine Störung der Körpergewebe vorliegt. Du musst jetzt von deinem Bild von Gewebe wegkommen. Ich dachte bei diesem Wort immer nur an die Schicht unter der Haut oder an Fettgewebe.

Doch bei Dhatus dreht sich alles um Rasa, das Blutplasma, Rakta, die roten Blutzellen, Mamsa, das Muskelgewebe, Meda, das Fettgewebe, Asthi, das Knochengewebe, Maija, die Gehirnsubstanz und das Knochenmark und Shikra, die Fortpflanzungssubstanz.

Diese Gewebe werden im Körper selbst gebildet. Die Bildung findet durch Zellteilung statt. Jedes einzelne Gewebe besitzt auch einen eigenen Stoffwechsel. Damit dein Körper ordentlich arbeitet, ist die permanente Erneuerung der Zellen und des Gewebes enorm wichtig. Der Stoffwechsel muss immer auf Hochtouren arbeiten. Ist das Rkta schlecht, so kommt es zu Hautunreinheiten und dein Körper kann übersäuern.

Neben den Dhatus gibt es auch noch Upadhatus. Dies ist die Bezeichnung für das Nebengewebe. Diese sind Sira, die Blutgefäße, Kandara, die Sehnen, Tvak, die Haut, Vasa, das Muskelgewebe, Snayu, die Nerven und Bänder, Stanya, die Muttermilch und das Produktionsgewebe und Artava, die weibliche Fortpflanzungssubstanz.

Du musst stets darauf achten, dass dein Körper und dein Gewebe gut arbeiten. Dazu gehört auch, dass du für eine gesunde und stabile Psyche sorgst. Denn gerade die Psyche kann für viele Veränderungen und abartige Zellteilungen im Gewebe sorgen. Körperreinigungen, Diäten, Entschlacken und Massagen sind hierfür absolut wichtig. Du musst auch dafür sorgen, dass du deine Gefühle nie aufstaust und diese nie in dich hineinfrisst oder verdrängst. Dies ist die beste Voraussetzung dafür, dass dein Gewebe optimal arbeitet und sich erneuern kann.

# Was hat es mit den Malas auf sich?

Malas sind deine Ausscheidungsprodukte. Ja ich weiß, man spricht nicht gerne darüber, doch beim Ayurveda ist das etwas anderes: Hier schenkt man ihnen eine ganz besondere Aufmerksamkeit. Die Malas entstehen beim natürlichen Verdauungsprozess. Dabei wird zwischen grob-stofflichen und fein-stofflichen Abfallprodukten unterschieden. Diese verlassen den Körper auf unterschiedliche Art und Weise.

Urin wird im Ayurveda Mutra genannt, Stuhl heißt Purisha und Schweiß nennt sich Sveda. Malas sind auch jene Sekrete, die über Mund, Nase, Ohren und Geschlechtsorgane ausgeschieden werden. Ama, die Schlacken, spielen ebenfalls eine wichtige Rolle. Ama bedeutet übersetzt „nicht gekocht" und weist darauf hin, dass sie nicht verstoffwechselt werden und dadurch auch eine Belastung für unseren Organismus werden können.

Dies resultiert daraus, wenn wir Lebensmittel essen, die nicht ordentlich verdaut werden konnten. Dadurch kann der Stoffwechsel nicht richtig arbeiten, es verbleiben Rückstände, die wiederum das Ama bilden. Ama kann sich durch die Beschaffenheit und Konsistenz mit anderen Körperflüssigkeiten verbinden und genau dies ist die Ursache dafür, dass Ama ein Auslöser für Krankheiten sein kann. Darmpilze, Akne und unreine Haut, aber auch Gicht und Rheuma entstehen auf diese Weise.

Pitta und Kapha sind verantwortlich dafür, dass die Nahrung ordentlich verdaut wird. Vata sorgt dafür, dass sich der Darm in Bewegung setzt und das Purisha abtransportiert. Ist eines der Doshas im Ungleichgewicht, so kann es zu Blähungen, Verstopfungen, Durchfall oder Magenschmerzen kommen.

Nierensteine, Harnwegsinfekte, Zysten, Unterleibsschmerzen und sämtliche Infekte des Unterleibs entstehen, wenn die Doshas nicht harmonisch sind und Mutra im urogenitalen Bereich nicht ausreichend abtransportiert werden kann. Es kann aber auch sein, dass zu wenig oder zu viel Harn und Flüssigkeit ausgeschieden wird.

Sveda entsteht als Abfallprodukt bei der Synthese des Fettgewebes. Wir scheiden dieses Mala durch unsere Schweißporen aus. Nicht nur unsere Körpertemperatur wird dadurch reguliert, das Schwitzen ist auch für den Elektrolyt-Haushalt verantwortlich. Sind die Kanäle verstopft oder blockiert, so kannst du nicht schwitzen. Es kann zu Entzündungen, Hautrötungen, zu starkem Juckreiz oder zu einer zu niedrigen Körpertemperatur kommen. Ich selbst hatte einmal das Problem, dass ich absolut nicht schwitzen konnte. Dadurch war mir natürlich permanent kalt und das in einem heißen Land wie Thailand. Ich bekam dies schnell wieder durch Schwitzkuren mit diversen Kräutern in den Griff. Für täglich 10 Minuten ging ich dafür in die Dampfsauna und verwendete dafür Kräuter wie Salbei, Ingwer, Zitronengras, Zimt, Nelken, Lavendel und Kardamom. Auch ein Tee aus Zitronengras kann dir dabei helfen, die Schweißproduktion ordentlich anzukurbeln.

Mala wird auch als Verschmutzung unseres Astralkörpers bezeichnet. Du willst doch auch nicht, dass dein schöner Körper verschmutzt ist. Daher sollten wir immer dafür sorgen, dass sämtliche Malas ordentlich abtransportiert und ausgeschieden werden können.

Malas belasten uns nicht nur körperlich, sondern auch psychisch. Im Ayurveda heißt es, dass wir nicht zu unserem wirklichen Ich und Wesen finden, wenn der Körper mit Malas verunreinigt ist. Liebe, Güte, Freude und Wissen können durch Malas blockiert werden und sich ins Gegenteil kehren.

Eine natürliche Ernährung ist auch hier wieder der einfachste Weg, um es den Malas leicht zu machen, den Weg aus unserem Körper zu finden. Durch den Verzicht auf Alkohol, Milchprodukte, Eier und Fleisch, aber auch Fisch und Geflügel legst du den bestmöglichen Weg vor. Ja du hast richtig gelesen – eigentlich wäre eine rein vegane Ernährung absolut perfekt. Ich habe es beinahe geschafft und esse lange kein Fleisch mehr, verzichte auf Fisch, Geflügel und Meeresfrüchte. Auch Eier benötige ich nicht mehr. Der einzige Punkt, an dem ich mit der veganen Ernährung etwas hadere, ist Käse. Natürlich esse ich nicht jeden Tag Käse und habe auch tolle vegane Alternativen gefunden, aber ab und an muss es sein. Danach achte ich aber besonders gut auf eine ausreichende Körperreinigung.

Wichtig ist aber vor allem, dass du dich bei deiner Ernährung wohl fühlst, und dass dir dein Essen schmeckt. Ich esse absolut nichts, das mir nicht schmeckt. Du sollst deinem Körper Gutes tun. Das gilt auch bei der Ernährung. Zwingst du dich nun aber zu einer Ernährung, die dir absolut widerstrebt, so machst du dich unglücklich.

Du stopfst das Essen lediglich in dich hinein, nur um ausreichend versorgt zu sein. Dies ist nicht Sinn und Zweck der ayurvedischen Küche. Probiere einfach die unterschiedlichsten Gerichte und Rezepte aus. Experimentiere und sei neugierig. Bei meinem Mann und mir hat sich die Ernährung auch Schritt für Schritt entwickelt. Früher hatte er immer ein pochiertes Ei in seinen Instant-Nudeln, die er gerne vormittags isst. Heute aber reicht ihm ein guter Schuss Kokosmilch. Dadurch, dass wir keine Eier mehr verwenden, sind wir unheimlich kreativ geworden. Wir haben für uns Lebensmittel entdeckt, um damit backen und kochen zu können. Aquafaba ist zum Beispiel ein magisches Lebensmittel. Dabei handelt es sich simpel um die Flüssigkeit, in welchen Kichererbsen gelagert sind. Es war für uns immer ein Abfallprodukt. Dann aber hatten wir entdeckt, dass man diese Flüssigkeit wie Eischnee aufschlagen kann. Es bekommt dieselbe Konsistenz und schmeckt auch identisch. Zudem kann man damit wunderbar backen und genauso wie Eischnee verwenden. Ob zum Panieren der Schnitzel, für Kuchen oder Brot, dieses vermeintliche Abfallprodukt hat uns den veganen Weg sehr erleichtert.

Für die körperliche Reinigung deiner Malas ist somit deine Ernährung zuständig. Deine emotionalen Malas reinigst du, indem du dein Herz öffnest und Uneigennütziges tust. Indem du Gutes für andere tust, ohne dabei auf deine Vorteile zu blicken, öffnest du dein Herz und die Kanäle. Die bösen Schlacken von Gier, Hass und Neid werden auf diese Weise abtransportiert und aus deinem Körper befördert. Im Ayurveda spricht man hier von geistiger Reinheit.

Hier ist es vor allem so wichtig, dass du wirklich ohne Hintergedanken handelst. Du kannst vielleicht andere betrügen oder hinters Licht führen, aber niemals dich selbst und auch nicht deine Seele. Viele spenden zu Weihnachten für Organisationen, um ihren Namen anschließend im TV lesen zu können. Man hilft anderen und weist ausdrücklich darauf hin. Man erhofft sich Lob und Anerkennung, vielleicht auch Bewunderung und unendliche Dankbarkeit. Das sind jedoch nicht die Motive aus, welchen heraus du Gutes tun solltest.

Du sollst Gutes tun, weil du anderen helfen willst. Du willst, dass die Not und das Schlamassel beendet oder erleichtert wird. Durch dieses uneigennützige Helfen werden deine Malas beseitigt. Das sollte dir oder uns allen eigentlich Grund genug sein, um zu helfen, wo geholfen werden muss.

# Was sind Srotas?

Srotas sind unsere Körperkanäle. Damit sind sämtliche Leitungen gemeint, durch welche die Flüssigkeiten und Substanzen in unserem Körper fließen und sich austauschen. Srotas können eng, schmal oder weit sein und auch ihrer Größe verändern. In unserem Körper befinden sich unendlich viele Srotas. Im Ayurveda werden aber 13 Körperkanäle besonders beachtet.

Da wären die drei Kanäle, welche die Abfallprodukte im Körper abtransportieren, die drei Kanäle für Wasser, Atem und Nahrung und sieben Kanäle für die Versorgung der sieben wichtigsten Gewebe. Ist dein Körper gesund, so können sämtliche Körperflüssigkeiten und Substanzen ungehindert durch den Körper fließen. Kommt es jedoch zu Störungen deiner Doshas, so beginnen auch die Srotas, zu blockieren.

Falsche Ernährung, psychische oder physische Vergiftung und Schlacken können daran schuld sein, dass deine Srotas verstopfen. Dadurch kann es zu Wassereinlagerungen, Verstopfungen oder Lymphstaus kommen. Gerade Frauen kennen das Problem von Cellulite sehr genau. Dies ist auch einer Art der Wassereinlagerung und zeigt, dass irgendeiner der Kanäle verstopft ist. Durch gezielte Ayurveda-Kuren kann auch dieses Problem in den Griff bekommen werden. Ich bin mittlerweile beinahe 46 Jahre alt und habe seit mehr als 2 Jahren absolut keine Cellulite mehr. Es hat zwar lange gedauert, dass ich sie losbekommen habe, aber es hat geklappt, ganz ohne chirurgischen Eingriff, ohne Absaugung, ohne toxischen Cremen – sondern rein durch die Ernährung, durch Gewürze, Massagen und Schwitzkuren.

# Unser Stoffwechsel – Agni

Agni seht für unseren Stoffwechsel und heißt übersetzt wörtlich „Verdauungsfeuer". Agni hat seinen Hauptsitz - laut Ayurveda - in unserem Oberbauch, ist aber auch in jeder einzelnen Zelle anzutreffen. Der Stoffwechsel ist für uns lebensnotwendig. Nur so kann die Nahrung in Energie umgewandelt werden.

Das Agni arbeitet -laut Ayurveda - auf drei Stufen. In der ayurvedischen Medizin wird zwischen Jatharagni, Bhutagni und Dhatvagni unterschieden. Das Jatharagni ist das Verdauungsfeuer. Es spaltet die Nahrung auf und unterscheidet zwischen verdaulichen und nicht verdaulichen Elementen. Das Bhutagni ist das Feuer der fünf Elemente. Durch dieses Agni wird die Nahrung in ihre fünf Elemente aufgespalten. Das Dhatvagni ist das Feuer der sieben Gewebe. Dieses Feuer sorgt dafür, dass die Nahrung und die Nährstoffe im Körper zu den Geweben transportiert werden.

Der Stoffwechsel jedes einzelnen Menschen arbeitet individuell. Er ist abhängig von der Ernährung, von der Bewegung und von der Lebensweise. Der Stoffwechsel ist auch dafür verantwortlich, wie sich unser Appetit entwickelt und wie fit wir sind. Übergewicht, Verdauungsprobleme, Energiemangel und Krankheiten, die mit dem Verdauungsapparat zu tun haben, sind auf das Agni zurückzuführen.

Das Agni kann in vier unterschiedliche Zustände eingeteilt werden. Sam Agni ist die Bezeichnung für einen normal arbeitenden Stoffwechsel. Das bedeutet, du verdaust gut und die Nahrung wird in einem angemessenen Zeitraum verarbeitet.

Manda Agni ist die Bezeichnung eines Agni mit hohem Kapha-Anteil. Dieses führt zu Verstopfungen, weil die Nahrung nicht richtig aufgespalten und dadurch auch nicht richtig verarbeitet werden kann. Der Stoffwechsel ist faul und träge.

Vishma Agni ist die Bezeichnung für einen Stoffwechsel, der unregelmäßig arbeitet. Dazu kommt es, wenn das Vata dominiert. Du bemerkst dies, wenn du scheinbar unerklärlich immer wieder an Verstopfung und Durchfall leidest, die sich abwechseln. Auch hier kann die Nahrung nicht optimal verarbeitet, aufgespalten und verstoffwechselt werden. Häufig kommt es auch zu starken Blähungen.

Tikshna Agni ist der Stoffwechsel, der bei einem zu hohen Pitta vorherrscht. Hier kommt es immer wieder zu Durchfall. Die Nahrung wird im Turbotempo zersetzt und verwertet und auch wieder ausgeschieden. Dadurch bekommt der Stuhl eine sehr flüssige Konsistenz. Nährstoffe können hier jedoch nicht aufgenommen werden. Sowohl Giftstoffe, als auch wertvolle Nährstoffe werden sofort wieder ausgeschieden und es kann rasch zu Mangelerscheinungen kommen.

Es ist einerlei, welche Blockade vorherrscht, ob Verstopfung oder Durchfall, nichts ist für den Körper gut.

Ob die Giftstoffe zu lange im Körper verbleiben, ob es zu schlimmen Gasbildungen kommt oder ob keinerlei Nährstoffe aufgenommen werden können, immer muss der Körper einen Mangel erleiden. Daher ist es wichtig, dass auch der Stoffwechsel ausbalanciert ist – und auch dafür müssen unsere Doshas im Einklang sein.

Als Kind hatte ich immer mit Durchfällen zu kämpfen und niemand konnte sich erklären warum. Kein Arzt fand die Ursache heraus und ich hatte oft Schmerzen, als würde der gesamte Bauchraum vereitert sein. Natürlich dachte man, ich würde die Schmerzen vortäuschen oder übertreiben. Mir tat oft jeder einzelne Schritt weh. Als ich mit 12 Jahren begann, vegetarisch zu essen, legte sich das Problem plötzlich wie durch Zauberhand. Heute verstehe ich die Zusammenhänge und auch, wie ich mein Pitta durch die Ernährung besänftigt hatte. So einfach wäre es gewesen.

Probleme mit der Verdauung kommen nie einfach so und in den seltensten Fällen liegt es an verdorbenen Lebensmitteln, obwohl wir es gerne darauf schieben. Es ist einfacher zu sagen, das Fleisch war nicht mehr so frisch, als sich mit dem eigenen Körper zu beschäftigen und in sich hineinzuhören, was eventuell nicht stimmen könnte. Dabei können dadurch so viele Folgeerkrankungen bereits im Vorfeld vermieden werden. Aber auch ich musste es auf den harten Weg lernen.

# Was passiert, wenn Kapha, Pitta und Vata im Ungleichgewicht sind?

Diese Frage haben wir bereits einige Male behandelt und nun liegt es an dir, dass du die Antwort in dein Tagebuch oder dein Notizheft schreibst. Mach das, bevor du weiterliest. Die Antwort darauf hast du bereits einige Male in den vorhergegangenen Kapiteln erhalten.

Wenn du dir immer noch nicht sicher bist, dann blättere zurück und lies dir die Kapitel über unsere Doshas noch einmal durch. Ärgere dich jedoch nicht. Ich habe dir bereits gesagt, dass auch ich diese komplizierte Materie nicht von Anfang an so verstanden hatte und deswegen gar nicht umsetzen konnte.

Die Doshas sind unser persönlicher Dreh- und Angelpunkt für unsere eigene Gesundheit. Sie stehen in Verbindung mit den fünf Elementen und sie gelten als unsere dynamischen Kräfte. Sind die Doshas nicht im Einklang, so werden wir krank. Meist fungieren die Doshas als eine Art Frühwarnsystem und wenn du deinen Körper sehr gut kennst, immer gut in dich hineinhörst, dann kannst du grobe Schwierigkeiten bereits im Vorfeld abfangen.

Ob du gesund oder krank bist, liegt also in hohem Maße an dir und deiner Fähigkeit, deine Doshas im

Einklang zu halten. Anatomie, Psychologie und Physiologie spielen hier eine große Rolle und sind untrennbar miteinander verbunden. Dies ist der große Unterschied, der Ayurveda von unserem westlichen Denken unterscheidet. Daher ist es auch nicht so einfach, alles auf Anhieb zu verstehen und umzusetzen.

Es gibt auch bestimmte Stärken und Schwächen, die den einzelnen Dosha-Typen zugeschrieben werden. So sind Vata-Menschen meist hervorragende Redner und sehr gut in allem, das mit Kommunikation zu tun hat. Auch sind diese Menschen meist absolut kreativ und sprudeln vor Ideen nur so über. Vata-Menschen sind offen für Neues und können sich an Neuem auch richtig erfreuen. Vata-Menschen sind jedoch nicht mit viel Ausdauer gesegnet. Vata-Menschen neigen niemals dazu, sich zu langweilen und kennen auch das Wort Routine nur vom Hörensagen. Dafür können sie sich schnell verzetteln, weil sie oft mehrere Projekte gleichzeitig starten. Dadurch können sie sich auch oft überanstrengen und sich zu viel auflasten.

Vata-Typen erkranken häufiger an mentalen Krankheiten und an psychosomatischen Krankheiten. Tinnitus, Erschöpfung, Ängste, Probleme mit dem Schlaf, der Verdauung und dem Bewegungsapparat kommen bei diesen Menschen ebenfalls häufiger vor. Vata-Menschen überlasten sich gerne körperlich und geistig selbst.

Pitta-Menschen wachsen häufig zu eindrucksvollen, dynamischen und erfolgreichen Persönlichkeiten heran. Sie strotzen vor Energie und können sowohl körperlich, als auch geistig viel Leistung bringen. Verdauung, Durchblutung und Stoffwechsel funktionieren bei diesen Menschen in der Regel ausgezeichnet. Sie sind durchsetzungsstark, sportlich und dominant. Meist leiden diese Menschen jedoch unter Hautproblemen, Übersäuerung und Problemen mit der Leber. Auch Entzündungen kommen bei Pitta-Menschen häufiger vor.

Kapha-Menschen gelten als sehr stabil und verfügen über eine große innere Stärke. Sie sind kräftig und meist funktioniert das Immunsystem ganz hervorragend. Sie ruhen auch gut in sich selbst und bleiben auch im Umgang mit anderen meist ausgeglichen. Diese Menschen sind auch sehr treu und loyal. Kapha-Menschen sind wenig anfällig für mentale Krankheiten. Dafür kann die innere Ruhe auch sehr schnell in Bequemlichkeit umschlagen. Am ehesten anfällig sind diese Menschen für Erkrankungen der Atemorgane. Auch neigen Kapha-Menschen häufig zu Übergewicht, auch wenn sie weniger essen als andere Dosha-Typen. Diabetes und andere Erkrankungen, die mit Übergewicht zu tun haben, können daher bei Kapha-Menschen vermehrt auftreten.

Nun haben wir bereits besprochen, dass es selten ist, dass jemand nur ein dominantes Dosha in sich trägt. Viel häufiger sind sogenannte Mischdoshas. Häufig sind es Vata-Pitta-Typen oder Vata-Kapha-Typen. Aber auch Pitta-Kapha-Typen kommen vor. Eher seltener sind Vata-Pitta-Kapha-Typen – doch auch diese kommen vor.

Vata-Pitta-Menschen sind modern, lebendig und wirken meist sehr attraktiv und anziehend. Sie haben einen wachen Verstand und versprühen Lebenslust. Sie sind kreativ und zielstrebig, sind intelligent und bewegen sich gerne. Sie sind meist schlank aber kraftvoll gebaut, haben weiches und feines Haar und wirken dynamisch, während sie Vitalität ausstrahlen. Es kann bei einer Disharmonie jedoch auch zu Nervosität, innerer Unruhe,

Anspannung und einer niedrigen Reizschwelle kommen. Kopfschmerzen und Hautunreinheiten kommen ebenso häufiger vor wie Schlafstörungen und Magenprobleme. Für Vata-Pitta-Menschen eignen sich bildende Künste und generell alles Kreative ausgezeichnet. Auch interessieren sich diese Dosha-Typen meist für Spirituelles.

Vata-Kapha-Typen zählen zu den interessanten Menschen, die immer wieder für Überraschungen gut sind. Diese Menschen tragen einen Mix aus Leichtigkeit, Kreativität und Unbeständigkeit in sich. Vata-Kapha-Typen sprechen häufig schnell und sind von einer inneren Unruhe getrieben. Diese Menschen legen meist viel Wert auf Sicherheit und auf Traditionen. Sie sind gesellig, beliebt und meist auch facettenreich interessiert. Dieser Dosha Typ ist ein guter und verlässlicher Freund. Vata-Kapha-Typen leiden vermehrt an Cellulite und Wassereinlagerungen.

Pitta-Kapha-Typen überzeugen mit einer großen, natürlichen Ausgeglichenheit. Generell zeigen sich bei diesen Dosha-Typen erst spät bis gar keine Störungen.

Vata-Pitta-Kapha-Typen sind ebenfalls, stabil, ausgewogen und strukturiert. Der Körperbau ist mittel, der Stoffwechsel funktioniert gut und die Haut ist normal. Sie haben eine rasche Auffassungsgabe und sind kreativ. Sie sind meist gelassen und sanft, dabei aber auch zielstrebig und charismatisch. Von allen Doshas werden hier die positiven, aber auch die negativen Eigenschaften vereint.

# Chakren und Ayurveda

Chakren und Ayurveda gehen Hand in Hand, da auch bei der Arbeit mit Chakren sehr viel auf das Innere im Körper und auf das Gleichgewicht geachtet werden muss. Auch bei Chakren handelt es sich um Energiepunkte in unserem Körper. Wir alle haben sieben Hauptchakren und unzählig viele niedrige und Nebenchakren. Zu diesem Thema habe ich bereits ein Buch geschrieben, für alle, die es noch nicht gelesen haben und auch mit der Materie nicht so vertraut sind, möchte ich nun ein wenig darauf eingehen.

Unsere sieben Chakren heißen Wurzelchakra, Sakralchakra, Nabelchakra, Herzchakra, Halschakra, Stirnchakra und Kronenchakra.

Das Wurzelchakra befindet sich am Beckenboden. Es ist das erste Chakra und bedeutet Erdung, Durchsetzungskraft, Mut, Gleichgewicht, Lebenskraft, Willenskraft und Gleichgewicht. Ist das Chakra blockiert, so kommt es zu Ängsten, Depressionen, Kraftlosigkeit, mangelndem Selbstbewusstsein, Wutanfällen und Misstrauen. Die Farbe dieses Chakras ist rot.

Das Sakralchakra befindet sich am Unterbauch auf der Höhe der Geschlechtsorgane. Es ist das zweite Chakra. Es steht für Lebensfreude, Sexualität, Partnerschaft, Schöpferkraft, Lust, Fülle, Sinnlichkeit und ungefilterte Emotionen. Ist dieses Chakra blockiert, so kann es zu sexuellen Störungen, Freudlosigkeit, Sorgen, Schuldgefühlen, Süchten und Traurigkeit kommen. Das Sakralchakra wird in der Farbe Orange dargestellt.

Das Nabelchakra befindet sich zwischen dem Brustbein und dem Nabel. Es ist das dritte Chakra und steht für Willenskraft, Durchsetzungsvermögen, Selbstwertgefühl, ausgeglichene Emotionen, ein gutes Bauchgefühl, innere Unabhängigkeit und Entscheidungsfähigkeit. Ist dieses Chakra blockiert, so kann es zu Gefühlsschwankungen, Machtzwang, Kontrollsucht, Kummer, Entscheidungsproblemen, Abhängigkeiten, Rücksichtslosigkeit und Materialismus kommen. Das Nabelchakra wird in der Farbe Gelb dargestellt.

Das Herzchakra befindet sich in der Brustmitte, in der Nähe deines Herzens auf der Höhe der Wirbelsäule. Es ist das vierte Chakra und steht für Liebe, Herzlichkeit, Mitgefühl, Harmonie, Wärme, Heilung, Frieden, Güte, Hingabe, Verbindung und Nähe. Ist das Herzchakra blockiert, so kann es zu Trennung, Zweifel, negativen Gedanken, Unsicherheit, Unausgeglichenheit, Depressionen, Groll, Verbitterung, Streitigkeiten, Kontaktscheue und Kälte kommen. Das Herzchakra wird mit den Farben Rosa oder Grün dargestellt.

Das Halschakra befindet sich im Halsbereich zwischen Kehlkopf und Halsgrube. Es ist das fünfte Chakra und steht für Kommunikation, für Klarheit, Wahrheit, Kreativität, leichtes Lernen und Umsetzen von Ideen, Freundlichkeit und Offenheit. Ist das Halschakra blockiert, so kann es zu Kommunikationsstörungen, Sprachstörungen, Stottern, Schüchternheit, Geschwätzigkeit, Antriebsschwäche, innere Unruhe, Ideenlosigkeit, Vergesslichkeit und Verschlossenheit kommen. Das Halschakra wird in den Farben Hellblau oder Türkis dargestellt.

Das Stirnchakra, oder auch Drittes Auge genannt, befindet sich zwischen deinen Augenbrauen. Es ist das sechste Chakra und steht für Wissen, Weisheit, Erkenntnis, Fantasie, Eingabe und Intuition, Bewusstsein, Vertrauen, Spiritualität und Einsicht. Ist das Dritte Auge blockiert, so kann es zu Kopflastigkeit, mangelndem Realitätssinn, Isolation, Überlastung, Unkonzentriertheit, Verlustängsten und dem Gefühl von Sinnlosigkeit kommen. Das Dritte Auge wird in den Farben Indigo oder Blau dargestellt.

Das Kronenchakra befindet sich am oberen Ende unseres Kopfes. Es ist das siebte Chakra und steht für unsere Anbindung an das Göttliche und das Universum, für den Sinn des Lebens, Spiritualität, Vollkommenheit, Frieden, Erleuchtung und für das Gefühl des Heimkommens. Ist das Kronenchakra blockiert, so kann es zu Verunsicherung, Ziellosigkeit, Weltschmerz, Stress, Verzweiflung und Angst vor Tod und Krankheit kommen. Das Kronenchakra wird in den Farben Weiß, Gold oder Violett dargestellt.

Du siehst, wie spannend das Thema Chakren ist. Sie hängen eben eng mit unseren Doshas zusammen und lassen sich ebenfalls gut mit einer gesunden Lebensweise, einer tollen Ernährung, Meditation, Atemübungen und Yoga aktivieren. Du kannst dich auch immer speziell auf deine Chakren, also die Orte, an denen sie sitzen, konzentrieren und die Hände auflegen. So kannst du sie spüren. Du kannst die Chakren auch speziell mit den zugeordneten Farben stimulieren. Ich trage dazu meist individuelle Chakren Armbänder oder Ketten. Wenn ich das Gefühl habe, meine Chakren benötigen eine kleine Unterstützung, so lege ich meine bunten Armbänder an. Diese finde ich auch äußerst schick, obwohl ich ansonsten keinerlei Schmuck trage. Ich mag keine Ohrringe, keine

Ringe, trage weder Liebesringe noch Goldketten, nur Chakrenschmuck und buddhistische Amulette. Diese geben mir persönlich einfach viel mehr.

Das Wort Chakra kommt aus dem Sanskrit. Die Lehre der Chakren kommt somit auch aus Asien und übersetzt bedeutet Chakra „Rad“, „Diskus“ oder „Kreis“. Du kannst Chakren genauso wenig anfassen wie Doshas. Daher ist es für uns in der westlichen Welt auch immer etwas schwer zu verstehen. Ich vergleiche es daher gerne mit unserer Seele. Wir sind uns doch einig, dass es eine Seele gibt. Doch auch die Seele kannst du nicht sehen und nicht berühren. Du kannst sie nur spüren. Und genauso ist es auch mit unseren Chakren und mit den Doshas. Die einzige Ausnahme sind manche Menschen, die tatsächlich Chakren und deren Aura sehen können. Sie zeigen sich für besonders sensible und spirituelle Menschen als Lichtkreise oder als farbige Klekse.

Doch was machen Chakren genau? Sie beeinflussen unseren Körper und auch unsere Psyche. Sie sorgen für Wohlbefinden, wenn sie ausgeglichen sind und können Missstimmung auslösen, wenn sie blockiert sind. Unser Ziel sollte es somit sein, die Chakren, genau wie unsere Doshas, immer ausgeglichen zu halten und die Blockaden zu lösen.

Wenn dir Chakren auf der einen Seite zu esoterisch sind, dann betrachte sie einfach von der Seite des Wohlbefindens. Chakren wirken sich ja auch auf unsere Organe, die Gefühle und unser Verhalten aus. Du kannst mit Chakren viele deiner positiven Eigenschaften verstärken und dafür sorgen, dass negative Eigenschaften nicht mehr in den Vordergrund treten. Du kannst Traumata der Vergangenheit damit auflösen und Ängste bewältigen.

Der Idealzustand ist natürlich, wenn alle Chakren perfekt ausgeglichen sind. Doch diesen Zustand erreichen nur wenige. Dies wäre die Phase des Erleuchtet-seins. Doch das müssen wir gar nicht anstreben, obwohl ich immer sage, man sollte nach den Sternen greifen. Doch für den Anfang reicht es schon, ein ausgeglichenes Wesen, ein offenes Herz und einen positiven Charakter zu erlangen.

Leidest du zum Beispiel unter Aggressionen oder Eifersucht, so ist die nicht nur für dich selbst, sondern auch für die Betroffenen in deiner Umgebung sehr belastend. An Eifersucht können Beziehungen zerbrechen und Aggressionen können dir beruflich und auch privat viele Steine in den Weg legen. Und Hand aufs Herz, fühlst du dich wohl, wenn du die Aggressionen wie einen Felsen im Bauch spürst? Ist es angenehm, wenn dich die nagende Eiersucht innerlich fast auffrisst? Es wäre doch perfekt, wenn es etwas geben würde, womit du diese unangenehmen Eigenschaften beseitigen könntest. Und das gibt es. Es nennt sich Chakrenarbeit.

Eifersucht und Aggressionen werden in vielen Fällen von einem gestörten oder blockierten Nabelchakra ausgelöst. Bei der Chakrenarbeit ist es wichtig, dass du deine eigenen Probleme erkennst und dann daran arbeitest. Sämtliche Gefühlsbewegungen hängen mit den Chakren zusammen. Ob du zu wenig Selbstbewusstsein hast, zu schüchtern bist, dich klein und unscheinbar fühlst oder immer zu schnell nervös oder ungeduldig wirst, mit gezielter Chakrenarbeit lässt sich alles ausgleichen.

Chakren-Meditation ist eine gute Methode, die Chakren zu verstärken. Auch mit Aromatherapie, Edelsteinen, Farben, gesunder Ernährung und Heilpflanzen kannst du die Chakren anregen. In meinem großen Chakrenbuch kannst du alles im Detail nachlesen ich verrate dir hier noch, welche Öle und Kräuterauszüge genau für deine einzelnen Chakren gut sind.

- Wurzelchakra: Nelke, Rosmarin und Zypresse
- Sakralchakra: Bitterorange, Vanille und Pfeffer
- Nabelchakra: Anis, Lavendel und Zitrone
- Herzchakra: Jasmin, Rose und Estragon
- Halschakra: Pfefferminze, Kamille und Eukalyptus
- Stirnchakra: Zitronengras, Basilikum und Veilchen
- Kronenchakra: Weihrauch, Neroliöl und Rosenholz

Wenn du nun ein bestimmtes Chakra aktivieren möchtest, kannst du dir die betreffende Stelle mit hochwertigen Ölen einreiben oder auch Duftlampen mit diesen ätherischen Ölen aufstellen. Es hilft auch, wenn du zum Beispiel in stressigen Situationen das Öl auf dein Handgelenk tupfst und immer wieder daran riechst. Das nimmt dir den Stress und hilft dir durch manch schwierige Situation. Sind deine Chakren ausbalanciert, so sind auch meist deine Doshas in Ordnung und umgekehrt. Darum ist es so wichtig, dass du immer an beidem arbeitest.

# Lebensphilosophie und Lebensgestaltung

Bei diesem Kapitel bist du wieder gefragt und du benötigst dein Tagebuch und einen Stift. Natürlich ist es kein Muss, wie aber bereits einige Male erwähnt, hilft es ungemein bei der Aufarbeitung. Deine Lebensphilosophie und deine Lebensgestaltung wirken sich direkt und indirekt auf deine Doshas aus. Es ist immer wichtig, dass wir wissen, was wir wollen und auch eine Vorstellung davon haben, wie wir es erreichen können.

Nun nimmst du also dein Tagebuch zur Hand und schreibst auf, wie deine Lebensplanung aussieht. Wie stellst du dir die nächsten Wochen, die nächsten Monate und die nächsten Jahre vor? Wie hast du deine Familienplanung, deine berufliche Laufbahn und deine Freizeitgestaltung geplant? Schreib nun all deine Gedanken dazu auf und mach dir dazu drei Spalten für die nächsten Wochen, die nächsten Monate und Jahre. Versuche für jede Spalte mindestens drei Punkte zu finden, bevor du weiterliest.

Warum sollten wir einen Lebensplan machen? Eine klare Lebensplanung hilft dir, eine Struktur in dein Leben zu bringen und schenkt dir Klarheit für die Zukunft. Dadurch erhältst du eine gewisse Sicherheit, die sich auch positiv auf dein Selbstbewusstsein und dein Selbstvertrauen auswirkt.

Oft ist es so, dass wir absolut planlos sind. Bist du vielleicht auch mit deiner jetzigen Arbeitssituation unzufrieden? Du weißt aber nicht genau, wie und was du überhaupt ändern möchtest? Oft gibt es einfach nichts, das dir einfällt und oft gibt es aber einfach zu viele Möglichkeiten und du kannst dich nicht entscheiden, welchen Weg du gehen möchtest. Du zauderst und hast Angst, dich vielleicht für den falschen Weg zu entscheiden. Aus dem Grund bleibst du vielleicht auf dem altbewährten Weg, den du insgeheim aber nicht magst. Das ist doch nicht wirklich die beste und schlauste Entscheidung, oder?

Ein Grund für diese Unsicherheit ist auch der Überfluss. An allen Ecken und Enden wird uns etwas geboten und täglich kommen neue Möglichkeiten dazu. Wenn du nun also keinen fixen Lebensplan hast, dann lässt du dich viel zu schnell immer wieder von neuen Dingen begeistern und im Endeffekt auch ablenken. Zu guter Letzt bringst du jedoch nichts wirklich zu Ende.

Frag dich deshalb immer wieder, was dir wirklich wichtig im Leben ist. Beantworte dir auch die Frage, wo du hinwillst und warum. Was tut dir gut und was tut dir weniger gut? Welche Entscheidungen in deinem Leben waren bis jetzt richtig und welche waren falsch? Was hilft dir dabei, deine Entscheidungen zu treffen und was warnt dich, Dinge zu lassen? Was sind deine Schwächen und was machst du, um deine Schwächen auszubessern, zu überspielen oder zu kompensieren? Wie stehst du zur Liebe? Wie stehst du zur Freiheit? Was bedeutet für dich Freundschaft? Worin liegt für dich der Sinn des Lebens? Wie stehst du zu Themen wie Wohlstand und Sicherheit? Was bedeutet für dich Respekt? Wie wichtig ist für dich Erfolg?

Wenn du all diese Fragen beantwortet hast, dann hast du nun deine Lebensphilosophie erstellt. Das kann natürlich nun eine Momentaufnahme sein. Ich wiederhole diese Fragen immer wieder, meist im Abstand von etwa sechs Monaten, und vergleiche auch, was sich an meiner Einstellung verändert hat. Ich frage mich im Anschluss auch, warum sich etwas verändert hat. Meist bleibt meine Lebensphilosophie jedoch gleich und ich habe in den letzten zehn Jahren kaum eine Veränderung bemerkt. Einzig und alleine die Prioritäten haben sich bei mir etwas verschoben. Das kommt jedoch auch durch meine Krankheit. Wenn man einmal wirklich schwer krank war, dann steht Gesundheit wahrscheinlich an oberster Stelle, aber das ist ganz normal.

Deine Lebensphilosophie ist dein individueller Blick auf die Welt, - das heißt, die Betonung liegt hier auf individuell. Diese Einstellung trägst alleine du und du hast auch die Verantwortung dafür, so zu leben, wie du leben möchtest. Diese Erkenntnis ist extrem wichtig für ein glückliches und ausbalanciertes Leben. Verfolge immer deine Ziele und deine Träume und nicht die Wünsche der anderen. Dadurch würden sich all deine Chakren und Doshas verschieben und blockieren. Zudem würdest du selbst nicht glücklich werden. Du würdest zwar andere glücklich machen, doch leben bedeutet auch, dich selbst glücklich zu machen. Für ein gesundes, harmonisches und ausbalanciertes Leben gehört auch eine ordentliche Portion Egoismus dazu – so eigenartig sich das nun auch anhören mag.

Die Lebensphilosophie kann in vielen Situationen auch ein Anker sein, ein Fixstern, an dem du dich orientieren kannst. „Ich würde gerne etwas anderes probieren – mir ist jedoch wichtiger, mein zuvor gestecktes Ziel zu erreichen" kann dir helfen, nicht vom Weg abzukommen. Oft ist es wichtig, neue Dinge auszuprobieren, oft aber brauchen wir etwas, das uns hilft, auf dem richtigen Weg zu bleiben. Daher solltest du deiner Lebensphilosophie treu bleiben. Nur weil es vielleicht gerade modern ist, dass alle den Job wechseln, musst du dich von diesem Trend nicht anstecken lassen, wenn du in deinem Job absolut glücklich bist, eine tolle Position hast und gut verdienst.

Die Lebensphilosophie gibt dir Sicherheit in einer Welt, die sich so enorm rasant verändert. Sie kann deine Boje sein, die dir Halt und Sicherheit gibt.

Suche dir doch jetzt einfach deinen Leitsatz, der dein Motiv sein könnte, aus. Ob „Leben und leben lassen!" „Gutes tun, wo immer Hilfe benötigt wird!" oder „Behandle andere, so wie du selbst behandelt werden möchtest!" könnten Leitsätze sein, ebenso wie „Wer Wind säht wird Sturm ernten!" oder „Wie man in den Wald hineinruft, so schallt es auch heraus!".

Mach dir diese Notizen in dein Tagebuch und lege dir deine individuelle Planung für dein Leben nach deiner eigenen Lebensphilosophie fest.

# Yoga und Ayurveda

Auch bei Yoga handelt es sich um eine alt-indische Lehre. Yoga geht etwa 5.000 Jahre zurück – kein Wunder also, dass sich Ayurveda und Chakrenlehre so gut mit Yoga verbinden lassen. Yoga ist auch nicht nur eine Sportart oder eine Möglichkeit, deinen Körper zu dehnen oder zu strecken. Es ist eine Gesundheitslehre und bietet dir Übungen, die Körper, Geist und Seele vereinen.

Yoga hat einen sehr meditativen Touch und mit den verschiedensten Übungen kannst du spezielle Bereiche in deinem Körper stimulieren und somit auch deine einzelnen Doshas aktivieren. Zudem tut Yoga absolut gut, harmonisiert deine Seele und reduziert Stress.

Das Wort Yoga leitet sich vom Wort Yui aus dem Sanskrit ab. Sanskrit wird als die älteste heilige Sprache Indiens bezeichnet. Yui bedeutet übersetzt zusammenbinden und anspannen. Frei definiert wird Yoga als Vereinigung von Körper und Geist übersetzt.

Yoga wirkt auf körperlicher, emotionaler, mentaler und spiritueller Ebene. Die Wurzeln dieser Lehre sind im frühen Hinduismus und Buddhismus zu finden, den wichtigsten religiösen Richtungen Asiens. Noch heute dient Yoga den Mönchen, neben der Meditation, mit ihrem Geist ins Reine zu kommen. Yoga wird in den buddhistischen Klöstern stets mit Meditation verbunden und auch ich liebe es, während meiner Yogaübungen oder in bestimmten Yogaposen zu meditieren.

Yoga verleiht dir auch Balance, sowohl körperlich als auch geistig. Du aktivierst dabei dein Yin und Yang und sorgst dafür, dass du deinen eigenen Körpermittelpunkt und deinen Schwerpunkt findest. Du lernst, wie du Körperspannung hältst. Dies wirkt sich positiv auf deine gesamte Körperhaltung aus. Eine gute Körperhaltung wiederum ist verantwortlich für eine gute Körpersprache. Diese wiederum lässt dich selbstbewusster wirken und schenkt dir auch tatsächlich mehr Selbstvertrauen. Wenn du regelmäßig Yoga übst, wird dich so schnell nichts mehr aus der Balance werfen.

Im Sanskrit wird Yoga auch als der Weg zum Moksha bezeichnet. Moksha bedeutet übersetzt Freiheit und genau dies ist es, was dir Yoga ebenfalls schenkt: Freiheit. Bereits im 2.000 Jahre alten Yoga-Sutra, einem philosophischen Lehrbuch und dem Grundstein für diese Lehren, steht geschrieben, dass die Wurzel unseres Unglücks meist darin liegt, dass wir uns an Dinge und Gedanken fesseln. Wir denken, dass wir etwas nicht können und kommen davon nicht los. Wir glauben, dass wir immer Pech in der Liebe haben und natürlich wird es so passieren. Wir jammern permanent, dass wir einfach zu schwach sind, nicht früh aufstehen können, nicht für dieses oder jenes talentiert sind, und probieren es nicht einmal. Dadurch entsteht auch eine Art der Selbstprophezeiung. Durch Yoga aber lernst du loszulassen. Loslassen von den Gedanken, von deinen Gewohnheiten und den selbst auferlegten Fesseln. Im Buddhismus nennt man dies auch „das habituelle Denkmuster verlassen“.

Auch wenn Yoga sehr eng mit Hinduismus und Buddhismus verankert ist, Yoga selbst ist keine Religion und Gurus oder Yogameister sind keine Götter. Es sind Menschen wie du und ich, die sich jedoch häufig eine sehr hohe spirituelle Stufe erarbeitet haben. Sie sind vielleicht auf der Stufe zur Erleuchtung etwas weiter als du und ich, aber deshalb auch keine besseren oder schlechteren Menschen. Du musst also bei Yoga an nichts glauben, außer vielleicht an dich selbst.

Zudem ist Yoga für alle passend. Sogar als ich sehr krank war, konnte ich einfach Yogapositionen ausführen, die meinem Körper gut getan haben. Ob dick oder dünn, alt oder jung, arm oder reich, du benötigst nur etwas Platz und Zeit. Du kannst deinen Körper damit stärken, du kannst an deiner Kondition arbeiten, du kannst sogar deine Figur formen und abnehmen und körperliche und mentale Gesundheit erlangen.

Yoga setzt sich normalerweise aus drei Stufen zusammen. Die erste Stufe besteht aus den Asanas. Dies sind die Übungen. Es gehören jedoch auch die Pranayamas, die Atemübungen und die Meditation dazu. Zu letzteren zwei Stufen kommen wir später in einem gesonderten Kapitel. Nun möchte ich dir einige Yogaübungen vorstellen, mit welchen du bequem und rasch einsteigen kannst. Diese Übungen passen auch gut zu Ayurveda und wirken sich positiv auf deine Doshas aus. Zudem macht Yoga Spaß. Wenn dir anfangs etwas nicht so gut gelingt, sei geduldig mit dir selbst. Übe immer wieder, am Ende wird es klappen und du wirst extrem stolz auf dich sein.

Gerade im Ayurveda lernen wir ja, dass nicht alles für jeden gleich gut ist, da wir alle aus anderen Doshas bestehen. Laut Ayurveda sollten wir also typgerecht Yoga praktizieren. Für Kapha-Menschen eignet sich das sogenannte Yin-Yoga am besten. Die Asanas sind einfach und ein großes Augenmerk wird hier auf die Entspannung gelegt. Doch um das Kapha nicht noch zusätzlich zu verstärken, sollte man dennoch einige Übungen wählen, die etwas Schwung bringen und das Kapha somit ausgleichen.

Die Übung Parivrtta Utkatasana, oder auf Deutsch „der umgedrehte Stuhl", ist für Kapha-Typen geradezu perfekt. Für diese Übung stellst du dich aufrecht hin und hältst die Füße geschlossen. Im Yoga spricht man von der sogenannten Bergstellung. Nun beugst du die Knie und lässt die Hüften nach unten sinken. Die Arme streckst du dabei nach oben. Es soll sich anfühlen, als würdest du dich auf einen Stuhl setzen. Nun hältst du diese Pose und führst deine Hände vor der Brust zusammen und faltest sie wie zum Gebet. Stell dir vor, du sagst nun Namaste. Nun drehst du deinen Oberkörper auf die linke Seite und auch der Kopf dreht sich mit. Du hältst hier die Pose, bevor du deinen Oberkörper auf die rechte Seite drehst. Bei der Drehung soll jeweils der linke Arm den rechten Oberschenkel berühren und bei der entgegengesetzten Drehung der rechte Arm den linken Oberschenkel.

Auch das Asana Surya Namaskar, der Sonnengruß, ist perfekt für Kapha-Typen. Stell dich aufrecht hin und verlagere das Gewicht auf die geschlossenen Beine. Öffne die Brust, entspanne die Schultern und falte die Hände vor der Brust. Nun beuge dich zurück, strecke die Arme hoch über deinen Kopf hinaus und beuge auch sie hinter deinen Körper. Nun bringe deinen Oberkörper wieder zurück und beuge dich hinunter. Die Finger sollen den Boden neben deinen Füßen berühren. Wenn du mit den

Fingern nicht ganz auf den Boden kommst, kannst du auch leicht die Knie beugen.

Das Palaskana wird auch „Yoga Plank Pose“ genannt. Auch diese ist perfekt für Kapha-Doshas geeignet. Geh auf den Boden und nimm die Position ein, als würdest du eine Liegestütze machen. Halte diese Pose. Dein Rücken und deine Beine sollen eine gespannte Ebene darstellen. Die Hände sind durchgestreckt und auch im Nacken und Kopf wird die Spannung gehalten. Der Blick führt vor dir zum Boden.

Auch das Navasana ist eine typische und gute Kapha-Übung. Dazu setzt du dich im Langsitz auf den Boden. Die Beine sind ausgestreckt und gerade. Auch der Oberkörper ist gerade und hält Spannung. Nun hebst du die Beine etwas an und lagerst den Oberkörper etwas zurück. Du legst die Hände sanft auf deine Knie. Falls es dir für den Anfang zu anstrengend ist, kannst du mit deinen Händen auch die Beine festhalten und dich so etwas stützen.

Menschen mit einem Pitta-Dosha benötigen auch beim Yoga eine gemäßigte Herausforderung. Wichtig ist, dass du bei allen Yoga-Übungen auf ein geöffnetes Herz achtest. Da Pitta für viel Kraft steht, sollte diese auch gefördert werden. Um das Pitta jedoch nicht übermäßig dominieren zu lassen, soll dies in einem kontrollierten Rahmen ablaufen.

Apanasana ist eine sehr schöne Yoga-Übung, die für Pitta-Doshas steht und diesem Dosha die benötigte Portion Selbstliebe schenkt. Bei diesem Asana handelt es sich um die sogenannte Päckchen-Stellung. Dafür legst du dich auf den Boden. Du ziehst die Knie bis zum Bauch an und umfasst sie mit deinen Armen. Du machst dich quasi zum Päckchen. Dein Rücken bleibt jedoch gerade am Boden liegen.

Auch die Übung Bharadvajasana ist eine ideale Pitta-Übung. Du setzt dich auf den Boden und achtest auf einen aufrechten Rücken. Du gehst in den Langsitz und nimmst nun ein Bein und schlägst es über das andere, ausgestreckte Bein. Es ist somit quasi ein halber Lotussitz. Du kannst nun entweder aufrecht sitzen und die Beine wechseln oder auch Drehungen ausführen.

Das Halasana ist eine etwas schwierigere Übung als die vorherigen, doch ebenfalls eine ideale Yogaübung für Pittas. Du legst dich dazu auf den Boden und versuchst sehr gerade zu liegen. Baue in deinem Körper eine Spannung auf. Nun bringe deine gestreckten Beine hinter deinen Kopf. Du stützt dich dabei nur auf den Schultern und den links und rechts ausgestreckten Armen ab.

Balasana ist die Kindsposition und steht auch für die Selbstliebe im Yoga, somit ist diese auch genau das, was Pittas benötigen. Du kniest dich dazu auf den Boden, natürlich auf eine bequeme Unterlage oder softe Yogamatte. Dann gehst du mit dem Oberkörper nach vorne und legst den Oberkörper auf den Oberschenkeln ab. Der Kopf liegt davor und die Hände greifen ausgestreckt nach vorne und sind ebenfalls auf dem Boden abgelegt. Dies ist eine gute Dehnungsübung und gleichzeitig auch sehr beruhigend.

Die Übung Ashtra Chandrasana ist etwas dynamischer. Du stehst aufrecht und gehst anschließend in den Ausfallschritt. Ein Bein ist gerade nach hinten gestreckt, während das andere Bein im 90°-Winkel vor dem Körper abgestellt wird. Die Arme führst du nach oben. Sie sind bis in die Fingerspitzen gestreckt und der Blick führt ebenfalls leicht nach oben oder geradeaus.

Vata liebt es schnell und daher sollten die Übungen eine Mischung aus Unterstützung, aber auch gleichzeitig Beruhigung sein. Vata-Typen brauchen Ruhe, Erdung und Struktur und genau das kannst du ganz einfach mit diesen Yoga-Übungen erreichen. Es muss nicht immer alles höher und schneller sein, auch wenn dir vielleicht die Idee von Flying Yoga besser gefällt, versuche es dennoch immer wieder mit diesen Übungen, die speziell auf dein Dosha abgestimmt sind.

Der Fersensitz oder auch Vajrasana bietet Vata-Typen den perfekten Ruhepol. Setze dich auf deine Fersen und achte darauf, dass dein Oberkörper gerade und gespannt ist. Konzentriere dich voll und ganz auf deine Atmung.

Der Berg oder Tadasana ist sehr einfach, aber genau das macht es aus. Du stellst dich aufrecht hin und achtest auf gerade Beine, einen geraden Rücken und eine gute Körperspannung. Der Kopf blickt geradeaus. Die Hände kannst du links und rechts neben dem Körper hängen lassen. Du kannst sie jedoch auch vor dem Körper zum Namaste falten oder zum Sonnengruß über deinen Kopf ausstrecken.

Das Vrikasana ist die sogenannte Baumhaltung. Dafür gehst du wieder in die Bergstellung. Nun nimmst du ein Bein und stellst die Sohle des Fußes auf den Oberschenkel des anderen Beins. Die Arme werden über den Kopf geführt und die Handflächen legst du gerade über deinem Haupt aneinander. Halte die Spannung und wechsle nach einiger Zeit das Bein.

Das Virabhadrasana wird auch Heldenposition oder Krieger genannt. Du stellst dich aufrecht hin und machst mit einem Bein einen Ausfallschritt nach hinten. Das vordere Bein ist im 90°-Winkel nach vorne gestellt und die Hände werden über dem Kopf ausgestreckt. Aus dieser Position kommst du nun in die Waage. Das bedeutet, du hebst das hintere Bein an und beugst den Oberkörper nach vorne. Bein und Oberkörper bilden nun eine Waagrechte. Die Hände sind dabei seitlich um den Körper auszubalancieren oder nach vorne gestreckt.

Das Garudasana wird auch Adler genannt. Dazu gehst du wieder in die Bergstellung. Nun wickelst du ein Bein um das andere Bein und hängst dich mit den Zehen ein. Deine Arme winkelst du in 90° vor deinem Körper nach oben und wickelst ebenfalls einen Arm um den anderen. Nun gehst du ganz leicht in die Hocke, als würdest du dich auf einen Stuhl setzen und hältst diese Pose und die Spannung.

Das Shavasana ist eine weitere Bodenübung für Vatas. Du legst dich dazu einfach auf den Boden, machst eine leichte Grätsche und streckst auch die Arme etwas vom Körper weg. Achte dabei auf deine Gedanken und auf deine Atmung.

# Meditation und Ayurveda

Meditation ist ebenfalls ein wichtiger Punkt im Ayurveda. Du hast bereits viele Male gehört, dass sich deine Doshas mit Meditation beruhigen, aktivieren oder ausgleichen lassen. Zudem tut Meditation Körper, Geist und Seele gut. Auch hier gibt es verschiedene Techniken und unterschiedliche Arten. Wir beginnen jedoch mit der einfachen Visualisierungs-Meditation, die genau auf deinen Dosha-Typ abgestimmt ist.

Als Kapha-Mensch solltest du dich bei deiner Meditation auf das Agni, dein Verdauungsfeuer oder den Stoffwechsel, konzentrieren. Auch ist es für Kapha-Typen wichtig, die innere Sonne zu visualisieren. Dazu nimmst du einfach eine bequeme Meditationspose ein. Du kannst dich auf den Boden oder einen Stuhl setzen, im Liegen, aber auch im Stehen meditieren. Du schließt die Augen, atmest ruhig ein und aus und konzentrierst dich nur auf das Agni oder auf deine innere Sonne. Versuche deinen Stoffwechsel zu aktivieren, stell dir vor, wie du ihn ankurbelst und wie er auf einmal zu rattern und zu arbeiten beginnt. Oder du siehst deine innere Sonne. Du spürst ihre Wärme und benötigst beinahe eine Sonnenbrille, weil sie so gleißend leuchtet. Dies alles visualisierst du, das bedeutet, du siehst es vor deinem geistigen Auge und spürst es auch.

Für Menschen mit Pitta-Konstitution ist es wichtig, sich beim Meditieren auf die innere Achse zu konzentrieren. Schließe die Augen und stelle dir ganz genau vor, wie und wo deine innere Achse verläuft. Konzentriere dich nur darauf und überlege dir, wofür sie gut ist und wobei sie dich unterstützt. Lasse die Gedanken nicht abwandern.

Pitta-Typen sollten sich beim Meditieren auch auf den inneren Herzraum konzentrieren. Du kannst auch den Mond visualisieren. Spüre, wie er leuchtet und dir Kraft gibt. Schließe die Augen und stelle dir den Mond vor. Wie sieht er aus? Ist es der Vollmond oder der Neumond, der dich berührt? Kannst du die Muster und Flecken auf dem Mond erkennen?

Ebenfalls gut für Pitta-Menschen ist die sogenannte Metta Meditation. Bei dieser Meditation handelt es sich um eine der ältesten Meditationsformen, die aus dem Buddhismus überliefert wurden. Metta kommt aus der mittelindischen Sprache Pali und bedeutet übersetzt so viel wie Freundschaft, Freundlichkeit und allmächtige Güte.

Suche dir einen stillen Platz. Bei der Meditation ist es wichtig, dass du auch absolut ungestört bist. Kein Telefon, Radio oder Fernseher sollten dich aus deinem Ritual holen. Du sollst dich bequem hinsetzen oder hinlegen. Schließe nun die Augen und atme tief ein und aus. Du solltest die ersten paar Minuten einfach ruhig werden, bevor du beginnst.

In der ersten Phase dieser Meditation konzentrierst du dich nur auf dich und auf dein Wohlergehen. Du schickst dir selbst Liebe und wünschst dir nur das Beste. Du kannst dabei auch verschiedene Mantras verwenden.

- Ich wünsche mir, dass es mir gut geht.
- Ich wünsche mir, dass ich glücklich bin.
- Ich liebe mich so wie ich bin.
- Ich bin gesund und stark und froh.
- Ich bin frei von Ärger, Zorn und Neid.
- Ich bin entspannt und ruhig und voller Liebe für mich selbst.

Dies können deine Mantras sein. Du kannst natürlich auch eigene Mantras verwenden. Achte nur darauf, dass sie nicht zu lange sind und dass sie positiv formuliert sein sollten. Du kannst auch nur Schlagwörter wie Liebe und Selbstliebe verwenden. Oder du stellst dir vor, wie du aus dem Universum einen Strauß Liebe pflückst und ihn dir selbst schenkst. Du kannst dir auch vorstellen, wie du dich unter eine Dusche stellst und es regnet reine Liebe auf dich herab. Hier sind der Kreativität und der Fantasie keine Grenzen gesetzt.

Im zweiten Schritt schenkst du genau dieselbe Aufmerksamkeit einem lieben, dir sehr nahestehenden Menschen. Das kann dein Partner sein, aber auch deine Mutter, dein Kind oder der beste Freund. Stelle dir auch hier vor, wie du ihm die volle Portion Liebe und Zuneigung zukommen lässt.

Danach schickst du genau dieselbe Liebe einer neutralen Person. Das kann die Frau aus dem Kiosk um die Ecke sein, der Nachbar aus dem dritten Stock oder dein Postbote. Doch auch diesen Menschen schickst du nun von Herzen all deine Liebe und Zuneigung.

Der nächste Schritt wird etwas schwieriger. Nun musst du diese Liebe jemandem schicken, den du vielleicht nicht so magst oder mit dem du gerade Probleme hast. Nervt dich die Kollegin im Büro? Hattest du gestern einen Streit mit jemandem auf deiner Facebookseite? Lebst du vielleicht gerade in Scheidung? Genau diese Menschen sind nun dein Ziel. Schaffe es und überwinde dich und schicke ihnen all deine Liebe und Zuneigung. Spüre, wie sich dein Herz öffnet und wie du ihnen die Wärme gibst, die sie vielleicht gerade benötigen.

Zum Abschluss schickst du all deine Liebe und Herzenswärme in die ganze Welt hinaus. Alle Menschen sollen von deiner Liebe profitieren und sie spüren. Du kannst dir vorstellen, wie du alle Menschen der Welt damit glücklich machst. Schicke die Liebe ans Universum, an die Tiere und Pflanzen und lass deine Liebe und Zuneigung im Universum wachsen.

Danach solltest du ein wenig innehalten. Versuche noch ein paar Minuten mit geschlossenen Augen dazuliegen, bevor du wieder in die Realität zurückkehrst.

Auch für Vata-Typen gibt es Meditationen, die sich besonders gut eignen. Mache es dir bequem und konzentriere dich bei der Meditation rein auf die Wurzel. Du kannst dabei eine Wurzel visualisieren, oder deine eigenen Wurzeln sehen. Stell dir vor, wie dir Wurzeln wachsen und wie diese dich erden und verbinden. Spüre, wie du aus der Erde Energie und Kraft tankst und wie sie dich mit Liebe und allem Lebensnotwendigem versorgen.

Konzentriere dich bei deiner Meditation auch auf dein Herz, den Herzraum und dein Drittes Auge. Schau zu, wie dein Herz leuchtet, pumpt und den Körper versorgt. Spüre, wie dein Herz Liebe ausschickt und lass dich überraschen, was dein Drittes Auge so sieht. Spüre dein Drittes Auge zwischen deinen Augenbrauen leuchten.

Auch für diesen Dosha-Typ ist eine Metta Meditation besonders gut geeignet. Komm zur Ruhe und schicke deine Liebe, zu dir, zu Freunden, Fremden, Feinden und der ganzen Welt.

Die Visualisierungs-Meditationen eignen sich auch hervorragend für Kurzmeditationen. Diese sind sehr hilfreich, wenn es zum Beispiel im Beruf gerade stressig ist oder dicke Luft herrscht. Eine Meditation ist immer eine kurze Auszeit vom Alltag und lässt dich durchschnaufen, Energie sammeln und Kraft tanken. Du kannst die Meditationen auch stets mit positiven Affirmationen und Mantras verbinden. Diese helfen dir dann durch schwierige Stunden.

# Atemübungen und Ayurveda

In diesem Kapitel geht es um die Pranayamas, die Atmung. Atmen ist lebensnotwendig. Doch es ist mehr, als nur den Körper mit Sauerstoff zu versorgen. Durch die richtig eingesetzte Atmung kannst du deine Doshas regulieren, stimulieren oder aktivieren und wirst bald merken, dass es tatsächlich einen Unterschied macht, wenn du bewusst atmest.

Leidest du auch häufig unter Seitenstechen oder zwickt es dich in der Brust oder der Lunge? Das kann ein Hinweis darauf sein, dass du falsch atmest.

Atmen ist somit Leben. Ich möchte dir nun die besten Atemtechniken und -übungen für die einzelnen Dosha-Konstellationen vorstellen. Denk daran, wenn du ein Mischtyp bist, dann kann dir sowohl die Atemübung des einen Doshas, als auch des anderen Doshas besonders gut tun. Generell ist es so, dass auch eine Kapha-Übung für Pitta Menschen gut sein kann, wenn das Kapha etwas erhöht oder unterstrichen werden soll, falls dies für eine harmonische Balance notwendig ist.

Kapha-Typen sollten immer kraftvoll einatmen. Das ist besonders wichtig, wenn du dich zum Beispiel auf eine Meditation vorbereitest. Atme tief über die Nase ein und achte auch darauf, dass du eine ordentliche

Zwerchfellatmung durchführst. Zwerchfellatmung ist meist die beste Atmung. Du kannst diese auch selber gut kontrollieren. Lege dich auf den Rücken und leg die Hände auf deinem Bauch ab. Nun atme tief in dein Zwerchfell ein. Dabei muss sich dein Bauch deutlich heben. Beim Ausatmen muss er sich wieder senken.

Auch Bhastrika ist eine Atemtechnik, die speziell für Menschen mit dominierendem Kapha-Dosha geeignet ist. Dabei handelt es sich um die sogenannte Blasebalg-Atmung. Diese Atemtechnik regt das Agni an und sorgt dafür, dass dein Körper die Schlacken besser und schneller abtransportieren kann.

Mach es dir bequem und achte vor allem auf eine aufrechte Körperhaltung. Beim Atmen sollte der Oberkörper nie abgeknickt sein. Nur so kann die Luft gut zirkulieren und dort hingelangen, wo sie hin sollte. Atme nun schnell und tief einige Male durch die Nase ein, ohne wieder auszuatmen. Spüre beim Einatmen, wie sich deine Brust ausdehnt. Nun atme auf dieselbe Art wieder durch die Nase aus und spüre, wie sich dabei die Muskeln wieder zusammenziehen. Es soll sich alles ruckartig, aber nicht unangenehm anfühlen. Wenn es zwickt, sitzt du vielleicht nicht richtig und du solltest die Übung im Stehen versuchen.

Kapalabathi ist auch eine beliebte Atemtechnik für Kapha-Menschen. Diese Übung wird häufig auch als Schädelleuchten bezeichnet. Ich finde die Bezeichnung etwas eigenartig und nenne sie meine innere Reinigung. Die Übung ist wirklich sehr erfrischend und du hast im Anschluss ein angenehmes Gefühl von Klarheit.

Mach es dir bequem und achte auf eine aufrechte Körperhaltung, damit der Sauerstoff bekanntermaßen gut zirkulieren kann. Es soll dich auch keine enge Kleidung abschnüren. Falls du eine enge Jeans anhast, öffne ruhig die Knöpfe und den Reißverschluss.

Halte dir nun deine Hand vor die Nase, aber halte dir dabei die Nase nicht zu. Atme nun tief ein und schnaubend wieder durch die Nase aus. Du solltest prustend ausatmen, so als würdest du etwas in der Nase haben, von dem du dich befreien möchtest. Konzentriere dich ganz auf das Ausatmen und lasse das Einatmen automatisch geschehen. Lege deine Hand auf deinen Bauch. Beim Ausatmen soll sich dein Bauch ruckartig einziehen und beim Einatmen wieder nach außen wölben.

Sobald die Atmung automatisch geht, konzentrierst du dich darauf, dass du beim Ausatmen feiner wirst. Das Schnauben wird dezenter und nicht mehr so ruckartig. Versuche diese Schnaub-Atmung von 20 auf 40 und 60 Atemstöße zu steigern. Es sollte später von den ruckartigen Bewegungen zu einer fließenden Bewegung werden.

Für Pitta-Typen ist die Bhramari-Atmung eine der besten Atemtechniken. Dabei handelt es sich um die sogenannte Bienenatmung. Sie dient dazu, deinen Geist zu beruhigen und hilft dir, Wut, Angst, Frustration oder auch Aufregung loszuwerden.

Setz dich gemütlich aber aufrecht hin und schließe die Augen. Wichtig ist, dass du nun ein Lächeln aufsetzen musst. Verschließe nun mit deinen Zeigefingern sanft deine Ohren. Atme nun tief durch die Nase ein und aus. Beim Ausatmen übst du einen leichten Druck auf deine Ohrknorpel aus und machst dazu ein summendes Geräusch. Daher hat diese Atemübung auch ihren Namen, weil du dabei wie die indische, schwarze Biene summen solltest. Versuche so hoch als möglich zu summen, also in einer hohen Stimmlage, da so das Ergebnis besser wird. Du kannst dies etwas zehn Mal wiederholen. Diese schnelle Atemübung ist auch eine beliebte Büroübung, weil sie sehr stressreduzierend ist und in angespannten Situationen als erste Hilfe dient. Wenn du merkst, du möchtest aus der Haut fahren, führe lieber diese Atemübung durch. So sagst du nichts, das dir hinterher vielleicht leidtut.

Shitali oder Shitkari ist auch eine Pitta Atemübung. Setze dich dafür aufrecht aber bequem hin. Du kannst dich auf den Boden setzen oder auch auf einem Stuhl Platz nehmen. Zu Beginn habe ich mich im Sitzen immer gerne an einer Wand angelehnt. So konnte ich die aufrechte Position gut kontrollieren. Mache nun einen langen Nacken und neige den Kopf ganz minimal nach hinten. Atme tief und langsam ein und aus. Nun forme deinen Mund zu einem O und rolle deine Zunge leicht ein. Die Zunge sollte die Form eines Röhrchens haben. Schiebe nun die Zunge aus dem Mund und atme ein. Du sollst die Luft über dieses Röhrchen, wie über einen Strohhalm, einatmen.

Für Shitkari rollst du die Zunge der Länge nach ein und schiebst sie ebenfalls aus dem Mund raus. Nun atmest du ein und spürst, wie die Luft links und rechts durch das Zungenröllchen eingesaugt wird. Nach jedem Einatmen ziehst du die Zunge wieder in den Mund zurück und hältst die Luft für 5 bis 10 Sekunden an. Atme entspannt aus und spüre, wie du mit dem Ausatmen deinen Körper erfrischst. Du kannst diese Frische im gesamten Körper spüren und diese auch an alle Zellen deines Körpers schicken. Diese Übung ist besonders toll, wenn du zum Beispiel Fieber oder Sonnenbrand hast oder nach dem Sport sehr erhitzt bist.

Chandra Bhedana ist noch eine tolle Atemtechnik, die perfekt für dich geeignet ist, wenn du zu den Pittas zählst. Diese Atmung wird auch die Mond-Atmung genannt. Du stärkst damit deine Mondenergie und alles Kühle und Passive. Setze dich bequem hin und achte auf eine aufrechte Haltung. Beginne gleichmäßig und tief einzuatmen. Nimm nun deine rechte Hand und lege den Zeigefinger und Mittelfinger auf dem Handballen ab. Der Ringfinger und der kleine Finger sind gestreckt. Die andere Hand formt mit Daumen und Ringfinger einen Kreis. Nun halte dir mit dem Daumen das rechte Nasenloch zu und atme ruhig ein und aus. Danach hältst du dir das andere Nasenloch zu. Auf jeder Seite solltest du mindestens zehn Mal über die Nase ein- und ausatmen.

Nun fehlen noch die Atemübungen für Vata-Menschen. Die wichtigste Übung ist eine ruhige Atmung, bei der du dich explizit auf das Ausatmen konzentrierst. Auch ist es wichtig, dass du dabei immer Acht gibst, tief in den Bauch hinein zu atmen. Du kannst dies immer kontrollieren, indem du die Hände auf den Bauch legst. Dieser muss sich beim Einatmen sehr stark heben.

Bhramari ist auch eine tolle Vata-Atemübung. Die Übung der summenden Bienen habe ich dir bereits beim Abschnitt Pitta erklärt.

Nadi Shnodana heißt übersetzt „die Reinigung der Nadis“ und gilt als eine der wichtigsten Atemübungen.

Nimm dazu eine aufrechte und komfortable Position ein und atme tief einige Male über beide Nasenlöcher ein und aus. Achte darauf, dass dein Kopf aufrecht ist und nimm nun deine dominante Hand und führe sie zur Nase. Halte dir nun abwechseln das linke und das rechte Nasenloch zu. Atme so durch das eine Nasenloch ein, dann verschließe das andere Nasenloch und atme so durch das andere Nasenloch wieder aus. Links einatmen, rechts ausatmen, rechts einatmen, links ausatmen und so weiter. Versuche dabei, sehr ruhig und auf keinen Fall hektisch zu atmen.

Du musst nicht alle Atemtechniken auf einmal probieren. Vielleicht gefällt dir die eine Übung besser als die andere, dann bleib bei jener, die dir am besten liegt. Probiere jedoch zuvor alle einmal aus. Nur so kannst du auch wirklich sagen, welche Atemtechnik für dich die beste ist.

# Ayurveda im Alltag

Das allerwichtigste ist, dass du Ayurveda nicht als letzte Rettung oder Heilmethode sehen solltest, sondern Ayurveda in deinen Alltag einbauen musst, um gar nicht erst gravierend krank zu werden. Du hast mittlerweile gelernt, wie du deine Doshas aktivierst, wie du atmest, meditierst und Yoga praktizierst. Wir haben Ausflüge in die Küche gemacht und in meinem Ayurveda-Kochbuch findest du tolle Gerichte für alle Mahlzeiten des Tages, die speziell auf die einzelnen Dosha-Typen abgestimmt sind. Du weißt, welche Wellness- und Massagebehandlungen im Ayurveda angeboten werden und dir gut tun könnten. Doch Ayurveda geht noch weiter. Du kannst durch viele Kleinigkeiten Ayurveda in deinen Alltag einbringen und davon profitieren.

Ein wichtiger Punkt ist zum Beispiel deine Kleidung. Vor allem spielen hier Farben eine wichtige Rolle. Wie du vielleicht weißt, können Farben sehr wohl unsere Laune beeinflussen. Schwarz ist, auch wenn diese Farbe gerne getragen wird, weil Schwarz einfach immer passt und kleine Problemzonen kaschieren kann, eigentlich die Farbe der Trauer. Wenn du immer nur Schwarz trägst, kannst du schnell als Trauerkloß gelten und auch deine eigene Stimmung kann gedrückt bis depressiv werden.

Auch hier sind bestimmte Farben den einzelnen Dosha-Typen zugeordnet. Für Vata-Menschen sind alle Grün- und Brauntöne besonders zu empfehlen. Diese

Farben sorgen für innere Ruhe und geben das Gefühl von Schutz. Auch gelbe und rote Kleidung ist für Vata-Menschen besonders gut. Dadurch zeigst du Willenskraft und Durchsetzungsvermögen.

Eher weniger für Vata-Typen geeignet sind Kleidungsstücke, die gestreift, kariert oder mit einem Fleckenmuster bedruckt sind. Auch solltest du als Vata-Typ immer lieber zu Naturfasern greifen. Baumwolle steht hier ganz oben auf der Liste.

Als Pitta-Mensch benötigst du eher harmonisierende Farben. Alle Pastellfarben sind diesem Typus wie auf den Leib geschnitten. Ob rosa oder hellgrün, hellblau, violett oder deren dezente Abstufungen, - diese Farben machen dich glücklich. Für Pitta-Typen sind natürlich ebenfalls Naturfasern sehr gut, jedoch ist es vor allem wichtig, dass Pitta-Typen atmungsaktive Kleidung tragen. Mikrofaser oder Softshelljacken stehen hier ebenfalls ganz oben auf der Liste der Klamotten, die im Kleiderschrank landen sollten.

Wenn du zu den Kapha-Menschen zählst, dann sind warme Farben für dich absolut perfekt. Rot, orange und gelb sind die absoluten Favoriten. Diese Farben stärken und unterstreichen deine Persönlichkeit und geben und zeigen innere Wärme. Auch Muster und Karos sind für Kaphas perfekt. Die Kleidung dieser Typen kann ruhig etwas ausgeflippter sein und die Kreativität unterstreichen.

Wenn du mehr Ayurveda in deinen Alltag einbringen möchtest, aber nicht genau weißt wie, dann ist es am besten, dass du Schritt für Schritt beginnst und dir immer wieder kleine Rituale angewöhnst, die dir mit der Zeit garantiert ans Herz wachsen werden. So kannst du zum

Beispiel damit anfangen, dass du dir ab sofort immer ein leckeres Ayurveda-Frühstück zubereitest. So kannst du die ersten Schritte in Richtung Ayurveda-Ernährung machen. Danach fügst du ein Ayurveda-Abendessen hinzu. Bald wirst du merken, wie viel besser du dich mit dieser Ernährung fühlst.

Auch kannst du dir angewöhnen, abends oder morgens noch im Bett eine Atemübung oder kleine Meditation auszuführen. Du wirst schnell merken, wie viel Struktur und Halt dir diese kleinen Rituale geben.

Du solltest dir auch angewöhnen, den Tag mit einem Glas warmem Wasser in den Tag zu starten. Auch hier erkennst du schnell, wie deine Verdauung besser wird und du dich energiegeladener fühlst. Du kannst dieses Wasser auch mit Honig, Dattelmolasse, Ingwer, Kardamom, Zimt und Nelken verfeinern.

Ebenfalls für mehr Ayurveda sorgst du, wenn du dich ganz bewusst gegen Zwischenmahlzeiten entscheidest. Achte wirklich immer darauf, dass du nur mehr isst, wenn du Appetit bzw. Hunger hast.

Nimm dir einmal pro Tag eine kleine Auszeit und führe eine Yogaübung durch. Du musst dafür nicht ewige Zeit einplanen. Es reicht, wenn du deine ganz persönliche Yogaposition für vielleicht fünf Minuten hältst. Alles bringt etwas und ein kurzes Asana ist besser als gar keines.

Ebenfalls sehr viel Ayurveda bringst du in dein Leben, wenn du täglich dein Glas Goldene Milch oder einen Löffel Goldene Paste zu dir nimmst. Abends ist die heiße Goldene Milch ganz vorzüglich und die Goldene Paste gibt dir morgens Elan. Für die Goldene Paste verrührst du hochwertigen Bio-Honig ordentlich mit Kurkuma und schwarzem Pfeffer. Dazu kommt noch etwas Kokosöl und nach Geschmack eine Prise Zimt oder Nelkenpulver. Du kannst diese Paste in größerer Menge vorbereiten und im Kühlschrank aufbewahren. Morgens gönnst du dir einen Teelöffel davon. Diese Paste stärkt auch dein Immunsystem.

Für die Goldene Milch erhitzt du Milch und würzt diese mit der Goldenen Paste. Ich verwende dazu immer abwechselnd Kokosmilch, Sojamilch, Hafermilch, Reismilch oder eine Nussmilch – da ich ja keine Kuhmilch mehr trinke. Du kannst aber auch Kuh-, Ziegen- oder Schafmilch verwenden. Abends sorgt diese heiße Milch für Ruhe und du kannst besonders schnell und gut einschlafen. Ich verfeinere sie zusätzlich immer mit Kardamom, da dies mein absolutes Lieblingsgewürz ist.

Ernährungstechnisch wäre noch zu sagen, dass du beginnen kannst, kleinere Portionen zu essen. Wir essen generell immer zu viel. Versuche einfach, kleinere Teller zu verwenden, oder schöpfe bewusst weniger. Dadurch wird dein Magen nicht mehr so belastet und dein Agni kann besser arbeiten. Von den Pausen von drei bis sechs Stunden zwischen den Mahlzeiten haben wir bereits gesprochen. Du kannst auch jetzt schon beginnen, auf Salz zu verzichten und dafür zu vielen Kräutern und Gewürzen zu greifen.

Mit diesen kleinen Schritten bringst du immer mehr Ayurveda in deinen Alltag und musst nicht dein Leben von heute auf morgen komplett umkrempeln.

# Ayurveda und Achtsamkeit

Achtsamkeit ist eine wichtige Sache, nicht nur im Ayurveda. Nimm nun bitte, bevor du weiterliest, dein Tagebuch zur Hand und schreib auf, was Achtsamkeit für dich bedeutet. Nimm dir dafür Zeit und erst dann geht es mit dem Text weiter.

Bei Achtsamkeit im Ayurveda geht es darum, dein Bewusstsein für dich, deinen Körper, deine Gesundheit und auch für deine Umwelt zu stärken. Dabei unterscheidet sich die Achtsamkeit, die wir aus Meditation, Yoga, Chakrenarbeit und anderen Körper- und Energiearbeiten kennen, nicht wirklich. Immer geht es darum, den Moment, den Augenblick, das Hier und Jetzt einzufangen und sich darauf zu konzentrieren, ohne es jedoch zu bewerten. Im Ayurveda jedoch solltest du ein wenig darüber hinausgehen und die Situation sehr wohl bewerten. Achtsamkeit im Ayurveda bedeutet, eine klare Momentaufnahme deines Körpers und deines Geistes machen zu können.

Dabei ist es eben wichtig, dass du siehst, wie es dir heute geht. Du kümmerst dich nicht darum, wie es gestern war und fragst dich auch nicht, was morgen ist. Du überlegst nicht lange, warum es dazu gekommen ist. Es zählt lediglich der Fakt, wie es jetzt ist. Bist du jetzt gesund, fit, energiegeladen und glücklich? Dann ist es perfekt und genau dieser Zustand muss erhalten werden. Ist das Gegenteil der Fall, dann muss jetzt etwas verändert werden, damit du wieder den Optimalzustand erreichen kannst.

In einem Bereich ist Achtsamkeit im Ayurveda ebenfalls besonders wichtig – und das ist die Ernährung. Wir sind es gewöhnt, dass ständig der Kühlschrank voll ist und auch in den Schränken und Schubladen befinden sich stets kleine Leckereien. Wenn wir ein bisschen Appetit verspüren, oder weil wir es einfach gewöhnt sind, nach dem Essen etwas Süßes zu naschen, gehen wir hin und holen uns etwas. Egal, ob wir tatsächlich noch Hunger haben oder nicht.

Genau an diesem Punkt sollten wir uns auf die Achtsamkeit besinnen. Wenn du dich ertappst, dass du zwischen den Mahlzeiten zum Kühlschrank oder zur Vorratskammer wanderst, halte inne und frage dich: „Habe ich wirklich Hunger? Warum hole ich mir jetzt Schokolade? Wann habe ich zuletzt etwas gegessen? Wäre es nicht besser, mir ein Stück Gemüse oder Obst zu holen oder muss es jetzt wirklich die Tüte mit Chips sein?" Wenn du dir diese Fragen stellst und ehrlich zu dir selbst bist, dann wirst du in vielen Fällen nicht zu Schokolade, Chips und Co. greifen.

Wenn du wirklich Appetit auf etwas Süßes hast, dann kannst du das auch zugeben und dir ein Stück holen. Frag dich aber auch dann, warum? Bist du gerade traurig oder musst du dir Langeweile vertreiben? Ist es so, dass du einfach das Saure des Mittagessens kompensieren musst?

Wenn du dir diese Fragen beantwortest, kannst du ebenfalls besser agieren und reagieren. Warum bist du traurig? Lässt sich die Traurigkeit nicht anders vertreiben? Was stimmt mit deinen Chakren oder Doshas nicht? Kann man hier nicht einen Energiepunkt stimulieren? Musst du dein Mittagessen ausgleichen? Vielleicht war dann ja die ausbalancierte Würzung nicht gemäß Ayurveda und du solltest die Würzung das nächste Mal besser ausgleichen.

Oft ist es auch nur Durst, der uns hungrig wirken lässt. Trinke also ein Glas warmes Wasser, gerne mit Ingwer, Zitrone und Gewürzen. Wenn du danach immer noch hungrig bist, dann ist es vielleicht auch tatsächlich Hunger. Warte aber bitte einige Minuten, dass das Wasser auch deine Zellen erreichen kann.

Wir stopfen uns auch gerne mit Nahrung voll, wenn wir unausgeglichen, übermüdet oder gestresst sind. Hier hilft es, einige Atemübungen zu machen. Beobachte dich im Büro achtsam. Wie oft greifst du in die Pralinenschachtel, nur weil sie dasteht und weil dich die Kunden am Telefon bereits den ganzen Vormittag nerven? Mache eine Kurzmeditation, stelle dich ans offene Fenster und gib deinem Körper genügend Sauerstoff. Natürlich kann es dann immer noch sein, dass du Verlangen auf Süßes oder Saures hast. Dann ist es auch okay. Achtsamkeit laut Ayurveda aber bedeutet, dass du nichts machst, nur weil du es automatisch machst.

Nun ist es wichtig, dass du deine Achtsamkeit trainierst. Auch das kannst du in Ayurveda-Manier machen. Leg dich auf den Boden oder ins Bett und schließe die Augen. Atme einige Male tief ein und aus. Nun beginne, dich auf deinen gesamten Körper in jedem Detail zu konzentrieren. Beginne mit dem großen Zehen. Gehe gedanklich zu deiner Zehe und fühle sie ohne sie zu berühren. Fühle wie sie heiß wird und fühle wie sie kalt wird. Wandere so deinen ganzen Körper hoch bis zur Schädeldecke. Versuche auch, deine Organe zu spüren. Dein Herz, wie es Liebe schenkt, deine Nieren, wie sie dir bei der Ausscheidung helfen und die Leber, wie sie dir hilft, deinen Körper zu reinigen. Lass nichts aus und arbeite deinen ganzen Körper ab. Lass dich durch nichts ablenken. Wenn du bemerkst, dass deine Gedanken abschweifen, und das kann sehr leicht passieren, führe dich selbst wieder dorthin zurück, wo du vom Weg abgekommen bist.

# Ayurveda und die Jahreszeiten

Gerade im Winter musst du deine Abwehrkräfte doppelt stärken. Das schaffst du durch ayurvedische Kräuter, Goldene Paste und ausreichend Meditation und Yoga. So hältst du Körper, Geist und Seele fit. Der Winter entspricht dem Dosha Kapha. Das bedeutet, dass sich im Winter dein Kapha meist automatisch erhöht. Ist dein Kapha von Natur aus niedriger, so beeinträchtigt dich das nicht sonderlich. Bist du jedoch vom Kapha dominiert, so solltest du gerade im Winter darauf achten, das Kapha etwas zu besänftigen und Pitta und Vata etwas zu verstärken.

Gönne dir im Winter heiße Bäder mit tollen ätherischen Ölen und pflege deinen Körper anschließend mit Sesamöl oder Kokosöl. Greife noch stärker zu Kardamom, Zimt und Nelkenpulver und gehe alles langsamer an. Verzichte jedoch auch in der kalten Jahreszeit nicht auf regelmäßige Bewegung an der frischen Luft. Belohne dich dafür anschließend mit einer schönen heißen Milch und kuscheligen Stunden auf dem Sofa mit einem guten Buch.

Im Frühjahr geht es darum, das Kapha-Dosha zu vertreiben und den Körper fit zu machen. Vielleicht kennst auch du den Begriff Frühjahrsmüdigkeit. Wenn du deinen Körper jedoch nach einem langen Winter ausgiebig entschlackst und entgiftest, so gibst du dieser keine Chance.

Eine wichtige Routine für das Frühjahr sind Ölziehen und Zungenreinigung. Nach dem Aufstehen nimmst du einen ordentlichen Schluck Kokosöl oder Sesamöl in den Mund. Du ziehst nun für mindestens fünf Minuten das Öl durch den ganzen Mund und saugst es auch zwischen alle Zahnzwischenräume. Danach spuckst du das Öl aus und nimmst einen Zungenschaber. Mit diesem reinigst du nun vorsichtig deine Zungenoberfläche.

Starte ins Frühjahr mit leichteren Speisen und baue immer wieder frisch gepresste Säfte und Smoothies in deinen Speiseplan ein. Ersetze zum Beispiel dein Mittagessen durch einen frischen Smoothie mit grünem Gemüse und frischem Obst.

Im Sommer steht die Sonne am höchsten und das Element Feuer hat den größten Einfluss auf uns. Nun regiert das Pitta-Dosha und stet für das Transformationsprinzip. Laut Ayurveda solltest du im Sommer gegen 5 Uhr früh aufstehen. Zum Zähneputzen verwendest du am besten eine Zahncreme oder noch besser Zahnpulver mit bitteren Kräutern.

Typische Yogaübungen für den Sommer sind Brücke, Kamel, Kobra und Bogen. Auch die Shitali-Atmung ist sehr gut für den Sommer geeignet, da sie für Kühlung sorgt. Erinnere dich, es ist die Atmung, bei welcher du mit der Zunge eine Röhre formst.

Gemäß Ayurweda solltest du im Sommer weite Kleidung aus Baumwolle und Seide tragen. Auch auf zu viel rot, orange und gelb solltest du, wenn dir der Sommer zu heiß ist, verzichten, da dies zusätzlich wärmende Farben sind. Zudem verstärken diese Farben das Pitta. Die Farben blau und grün haben hingegen eine kühlende Wirkung.

Dusche dich im Sommer mit Sandelholzseife oder Neemseife und verwende auch Sandelholz in der Duftlampe. Pflege deinen Körper mit Kokosöl oder Sonnenblumenöl und plane abends Spaziergänge im Mondschein. Schmuck aus Jade oder Aquamarin ist ebenfalls besonders für heiße Sommermonate geeignet.

Verzichte im Sommer mehr denn je auf schwer verdauliche Nahrungsmittel und greife auf regionale und frische Produkte aus der Natur zurück.

Im Herbst regieren die Doshas Vata und Pitta. Das überschüssige Pitta des Sommers wird langsam ausgeleitet und es wird wieder kühler und dunkler. Im Herbst solltest du auf kalte Getränke, auf Eis, auf Joghurt und Hartkäse verzichten. Auch solltest du im Herbst weniger Rohkost essen, da diese nun dein Agni schwächen kann. Warme Suppen, gekochtes Gemüse, Hülsenfrüchte und Reis kommen jetzt wieder vermehrt auf den Tisch.

Im Herbst solltest du wieder bis 6 Uhr schlafen und dann mit deiner täglichen Routine beginnen. Im Herbst benötigt dein Körper besonders ausgiebige Ölmassagen. Nach dem Zähneputzen solltest du den Mund täglich mit warmem Sesamöl spülen und danach mit heißem Wasser gurgeln.

Beginne im Herbst deinen Tag mit dem Asana-Sonnengruß. Im Herbst solltest du täglich zwölf dieser Übungen machen. Auch das Anu Tailam-Nasenöl ist für den Herbst besonders gut geeignet. Es stärkt deine inneren Abwehrkräfte.

Mit diesen kleinen Tipps kommst du gut durchs ayurvedische Jahr.

# Detoxing mit Ayurveda – entgifte deinen Körper

Im Ayurveda spielt Reinigung, entschlacken und entgiften eine große Rolle. Vor allem auf die Reinigung der Leber und der Nieren solltest du nicht verzichten. Bei ayurvedischen Detox-Kuren befreist du deinen Körper von biochemischen Abfallstoffen. Auch wenn in der Schulmedizin der Begriff „Schlacken" nicht existiert, wenn du eine Ayurveda-Detox-Kur hinter dir hast, dann wirst du bemerken, wie viel leichter sich dein Körper und dein Geist wieder fühlen.

Du befreist deinen Körper bei einer Detox-Kur nicht nur von den Giften, die sich in deinem Körper ablagern, sondern auch von allen Giften, die durch Umweltverschmutzung und Co. in deinen Organismus gelangt sind. Dazu gehören Hormone, Medikamente, Gifte aus der Luft, dem Wasser und mehr. Die Leber spielt beim Entgiften eine wichtige Rolle. Auf dieses Organ solltest du dich während der Entgiftungs-Kur besonders konzentrieren und sie beim Meditieren und bei Atemübungen immer wieder als stark und gesund visualisieren.

Trinke während der Kur mindestens zwei Becher heißen Tee mit Löwenzahnblättern. Diesen Tee kannst du bequem selbst aus gesammelten und getrockneten Löwenzahnblättern herstellen. Du bekommst Löwenzahn jedoch auch in jeder Apotheke und jedem Bio-Laden.

Pfeffer und Kurkuma sind natürlich auch beim Entschlacken deine besten Freunde. Vergiss also auch nicht während der Kur deine Goldene Paste.

Ingwer ist ebenfalls das Gewürz, das bei einer Entgiftungskur nicht fehlen darf. Bereite dir dein heißes Wasser immer mit viel Ingwer zu und verwende es auch ausgiebig zum Kochen. Am besten ist natürlich frisch geriebener Ingwer. Zur Not kannst du auch Ingwerpulver verwenden. Bereits dein Frühstück solltest du mit Ingwer würzen.

Pippali ist ebenfalls perfekt für deine Ayurveda-Entschlackungs-Kur. Pippali ist der lange Pfeffer. Er wirkt anregend und kräftigend. Er sorgt für einen klaren und scharfen Geist und hilft dir, das Verdauungsfeuer anzukurbeln. Pippali vermindert Stoffwechselschlacken und hat den weiteren Vorteil, dass er auch wunderbar gegen Heißhunger-Attacken wirkt.

Manjistha unterstützt dein Lymphsystem. Die Färberwurzel ist auch unter dem Namen Rubia Cordifolia oder als indischer Krapp bekannt und stammt aus Asien und wird dort seit jeher für die blutreinigende Wirkung geschätzt. Mit diesem Gewürz kannst du auch wunderbar überschüssiges Pitta und Kapha reduzieren. Auch seelisch kann dich dieses Gewürz unterstützen, zu mehr Klarheit und Reinheit zu kommen.

Sariva ist ebenfalls blutreinigend und entschlackend. Diese Pflanze wirkt auch gegen Hautkrankheiten, Verdauungsproblemen und Arthritis. Zudem ist es ein Gewürz, welches die drei Doshas ausgleicht. Auch Entzündungen können mit diesem Gewürz abgeheilt, Menstruationsbeschwerden erleichtert und Nasenbluten gestoppt werden.

Guduchi gilt als Energiebooster für Körper, Geist und Seele. Sie gilt als ayurvedisches Jugend-Elixier und hat lebenserhaltende Eigenschaften. Die Pflanze kann die drei Doshas ausgleichen und harmonisieren. Auch stärkt sie dein Immunsystem und deine Abwehrkräfte.

Trikatu und Bockshornklee sind ebenfalls Gewürze, die du immer, besonders aber beim Entgiften und Entschlacken, verwenden solltest.

Während der Kur solltest du mindestens drei Liter Tee pro Tag trinken. Es ist wichtig, dass du den Tee nicht mit Zucker, sondern ungesüßt trinkst. Wenn du süßen möchtest, dann am besten nur mit Honig oder Dattelsüße. Auch auf künstliche Süßstoffe solltest du unbedingt verzichten. Greife im Fall der Fälle lieber zu Rohrzucker oder Kokosblütenzucker und süße sparsam.

Auch mit Suppen aus diversem Gemüse kannst du wunderbar entgiften. Dazu kochst du genügend Gemüse in zwei Liter Gemüsebrühe und isst dieses über den Tag verteilt. Außer Tee und Suppe gibt es an diesen Tagen nichts.

Eine weitere Methode ist das Entschlacken mit Reis. Dazu bereitest du dir eine Suppe aus 100 Gramm Basmatireis, 50 Gramm Bohnen, Ingwer und Masala-Gewürz zu. Außer dieser Suppe gibt es nur Tee, frisch gepresste Gemüse- oder Obstsäfte und heißes Wasser mit Ingwer und Zitronensaft.

Während der Kur solltest du auf Nikotin, Koffein, Alkohol, Fleisch, Fisch und Geflügel, aber auch auf Weißmehl, weißen Zucker und Salz verzichten. Achte während deiner Entgiftungskur darauf, dass du vorwiegend basisches Gemüse zu dir nimmst.

Sehr gut zum Entgiften eignet sich auch ein Fußbad. Dazu löst du einen guten Esslöffel basisches Badesalz in etwa 60° Celsius heißem Wasser auf. Das Fußbad sollte eine halbe Stunde bis zu einer Stunde dauern. Erschrick nicht, wenn das Badewasser nach dieser Stunde sehr dunkel ist. So siehst du, dass die Schlacken über deine Füße ausgeschieden wurden.

# Ayurveda und Disziplin

Ayurveda gewinnt auch in der westlichen Welt immer mehr an Popularität. In vielen Fällen ist es natürlich eine Modeerscheinung und viele schrecken bereits nach kurzer Zeit zurück, weil es doch eine gehörige Umstellung ist. Es ist, als würdest du von jetzt auf gleich beschließen, Veganer zu werden. Daher habe ich dir bereits in vorherigen Kapiteln Tipps gegeben, wie du langsam Ayurveda in deinen Alltag einbauen kannst und dich so Schritt für Schritt an deinen neuen Lebensstil gewöhnen kannst. Zudem ist es auch nicht so dramatisch, wenn du den einen oder anderen Schnitzer machst und nicht immer exakt den Ayurveda-Weg gehst. Es ist und bleibt dennoch dein Leben und du solltest dich von nichts fesseln und geißeln lassen. Es sollte dir auf jeden Fall Spaß machen. Sobald du aber merkst, wie gut dir dein neuer Lebensstil tut, macht es dir Spaß – auch wenn es viel Disziplin bedeutet.

Ayurveda bedeutet Entspannung für Körper, Geist und Seele. Damit das auch so bleibt, solltest du auf keinen Fall verbissen oder gar fanatisch werden. Auch solltest du dir immer vor Augen halten, dass nicht alle mit deinem neuen Weg einverstanden sein werden. Was denkst du, wie viele Menschen mich immer wieder belehren möchten, dass das oder jenes absolut nicht gut für jemanden sein kann. Das beginnt bereits damit, dass ich ja überhaupt kein Fleisch und keinen Fisch esse. Meist sind alle ganz erschrocken und bestürzt darüber, da sie denken, ich bekomme nun keinerlei Proteine mehr.

Erst wenn sich jemand wirklich für das Thema interessiert, erkläre ich mich. Ich betone hier das Wort erklären, denn wir müssen uns auf keinen Fall für unseren Weg, für den wir uns entschieden haben, rechtfertigen. Ich erkläre dann also, woher ich meine Proteine erhalte und meist sind die Kritiker dann überrascht, wenn ich mit Fakten und Zahlen komme und ihnen eine immense Menge an gesunden und rein pflanzlichen Proteinen in meinen Mahlzeiten vorrechnen kann.

Ich würde aber nie jemandem meinen Weg aufschwatzen wollen und bitte, mach du das auch nicht. Egal wie begeistert du davon bist. Wenn sich jemand wirklich dafür interessiert, wird er auf dich zukommen oder dich um Buchtipps und Informationen bitten. Doch werde durch deine Euphorie nicht zum Schulmeister. Diese fanatischen Veganer, Ayurveda- oder Yoga-Anhänger, spirituellen Menschen und Meditationskünstler sind einfach allen anderen suspekt. Zudem wirkt es auch sehr unsympathisch, wenn man jemandem mit Gewalt seine Überzeugung aufzwängen möchte. Du würdest ja auch niemandem deine Religion aufdrängen und möchtest auch nicht, dass es jemand bei dir macht. Es gibt da den Vergleich mit den privaten Körperteilen des Menschen. Diese zeigst du auch nicht ungebeten her. Halte es auch so mit deiner Überzeugung für Themen wie diese. Nicht, weil du dich dafür schämen müsstest oder weil es verboten oder eigenartig ist, sondern weil es viele einfach nicht verstehen und es so zu Unstimmigkeiten kommen kann, die du von Anfang an vermeiden kannst.

Es bedeutet, Disziplin aufzubringen, wenn du dir zum Beispiel selbst einen Einlauf verpasst. Einläufe sind gerade für die ayurvedische Heilung und Reinigung so wichtig, doch davor haben viele Hemmungen. Auch ich sträubte mich lange dagegen, auch wenn viele Freunde von mir davon begeistert waren.

Lass das Essen deine Medizin sein. Krankheiten, egal ob mentale oder physische Krankheiten, können in einem guten, gesunden und basischen Milieu nicht gedeihen.

Verringere deine Giftstoffbelastung. Das erfordert ebenfalls eine Menge Disziplin, denn gerade hier musst du vielleicht zu Hause einen kompletten Kahlschlag durchführen. In jedem Haushalt werden täglich etwa 150 Produkte verwendet, die giftig sind und nicht mit Ayurveda konform sind. Beginne auch hier langsam. Lass dein Handy nicht auf deinem Nachttisch laden und schalte im Schlafzimmer nicht unbedingt TV und Radio ein. Wasche dein Obst und Gemüse konsequent, lasse es in Natronwasser einweichen und kaufe eine hochwertige Bio-Qualität. Wirf Kosmetika weg, die Giftstoffe enthalten, greife zu natürlichen Zahnpasten und Shampoos. Stelle Seifen, Geschirrspülmittel, Waschmittel, Cremes und Öle selbst her und achte bei allem darauf, dass die Produkte so wenig wie möglich mit Giftstoffen belastet sind.

Gleiche deine Energien immer wieder aus. Akupunktur und Chiropraktik, aber auch Sport, Meditation, Yoga und Atemübungen helfen dir dabei. Ausreichend Schlaf ist dafür ebenfalls wichtig. Sorge dafür, dass du deinen Stress bewältigst.

Heile deine emotionalen Wunden. Du kannst mit allen Kräutern und Tinkturen arbeiten, doch genauso wichtig ist es, in dich selbst hineinzuhören. Es kann eine schlechte Beziehung zu den Eltern sein, die du auflösen musst oder ein Problem, das du mit deinem Freund hast. Hier geht es auch um die parasympathische Ebene. Es bedeutet viel

Disziplin und kostet viel Zeit, die emotionale Gesundheit zu erarbeiten. Wenn du also etwas verändern möchtest in deinem Leben, dann darfst du dein Leben nicht immer so weiterführen, wie du es bisher getan hast. Das betrifft vor allem auch deine emotionale Ebene. Tägliche Meditation stimuliert deine parasympathische Ebene.

Laut Ayurveda solltest du auch auf deine zahnmedizinische Versorgung achten. Lasse deine Zahnfüllungen überprüfen. Quecksilber ist immer noch in den Amalgamfüllungen enthalten. Wenn du dich gesundheitlich verbessern möchtest, musst du auch diese konsequent und diszipliniert austauschen. Das erfordert ebenfalls viel Überwindung, denn wer geht schon freiwillig gerne zum Zahnarzt, wenn eigentlich keine Schmerzen vorhanden sind.

Befasse dich diszipliniert mit Kräutern und Vitaminen. Erkundige dich immer wieder nach den Wirkungen der einzelnen Kräuter, Heilpflanzen und Gewürze. Bilde dich selbst diszipliniert weiter. Ich habe dir zwar einige Gewürze und Kräuter verraten. Auch in meinem Kochbuch kommen viele wichtige Kräuter und Gewürze vor und werden dort nochmal genauer erklärt. Doch auch ich kann dir bei weitem nicht alle verraten und aufschreiben.

Du musst so diszipliniert und geduldig sein, da sich dein Körper zwar schnell besser fühlen wird, vollständig gesund und stark wirst du jedoch nicht in kurzer Zeit. Denk nur daran, dass du vielleicht deinen Körper für 20 Jahre oder länger vernachlässigt hast.

# Samhitas

Bei den Samhitas handelt es sich um die Textsammlungen, die nicht nur über Ayurveda, sondern auch über Tantra und Hinduismus berichten. Sie gehen auf die vedische Religion zurück, die als älteste indische Religion gilt. In den Samhitas stehen Rituale, Hymnen und Weisheiten sowie Geschichten über die Götter Vishnu, Agni, Indra, Vayu und mehr.

Im Ayurveda ist die bekannteste Samhita die Charakra Samhita. Diese wurde nach dem berühmten Arzt Charaka benannt. Seine Werke wurden bereits im 8. Jahrhundert in unsere Sprachen übersetzt. Viele Ayurveda-Ärzte behandeln heute noch nach diesen Schriften und Lehren. Auch die Susruta Samhita ist immer noch populär. Hier geht es um die chirurgischen Traditionen.

Die Ashtanga Hrydaya wurde einst von einem buddhistischen Mönch verfasst. Der Mönch Vaghbhata fasst in diesem Buch die Lehren von Susruta und Charaka in einem Werk zusammen. Wenn du nun tiefer in die Kunst und Heilkraft des Ayurvedas eindringen möchtest, so ist es absolut empfehlenswert, diese Schriften und Bücher zu lesen. Sei jedoch darauf vorbereitet, dass sich diese nicht unbedingt einfach lesen lassen und auch etwas trocken sind. Informativ aber sind diese Schriften absolut. Nimm dir auf jeden Fall Zeit dazu, du musst diese Bücher nicht innerhalb einer Woche ausgelesen haben. Auch eigenen sich diese Bücher immer wieder zum Nachblättern und zur Suche nach spezifischen Informationen.

# Ayurveda und Religion

Ayurveda kann nicht wirklich in eine Schublade gelegt werden. Bei dieser alt-indischen Tradition handelt es sich um eine Kunst, die sowohl von der Medizin, von der Spiritualität, aber auch von den Religionen beeinflusst wurde. In der ayurvedischen Tradition ist jedoch verankert, dass jeder seinen eigenen Glauben verfolgen sollte. Das bedeutet also, man kann ruhig Christ oder Moslem sein und dennoch der Lehren des Ayurvedas folgen und mit ihrer Hilfe den Körper heilen.

Für Ayurveda ist sogar sehr wichtig, dass alle natürlichen Umfelder und die Herkunft und die Wurzeln des einzelnen Individuums beachtet, betrachtet und berücksichtigt werden. Hier kann man es auch ein bisschen mit der Makrobiotik vergleichen. Man spricht bei Makrobiotik immer davon, nur regional zu essen. Hast du nun eine Ausbildung in Österreich genossen, so werden Äpfel und Birnen auf dem Speiseplan stehen und als Kochgrundlage gelten. Ananas und Bananen werden eher verpönt sein, wenn man an die Aspekte des ökologischen Fußabdrucks denkt. Lebst du nun aber in Thailand wie ich, dann dreht sich dieses um. Hier sind eben andere Früchte regional und eher Äpfel, Birnen und Zwetschgen gelten als Exoten. Zudem haben Menschen in den unterschiedlichen Klimazonen auch die verschiedensten Bedürfnisse und auch die Doshas werden auf andere Art und Weise beeinflusst.

Auch wenn die ersten ayurvedischen Ärzte Hinduisten oder Buddhisten waren, in der heutigen Zeit gibt es viele Christen und Muslime, die auf Ayurveda vertrauen. Man sollte hier auch auf die Tatsache blicken, dass es zwar etwas Höheres gibt als uns, aber ob wir dies Gott oder Allah nennen, ob wir an Karma oder Wiedergeburt glauben, ob wir den Himmel anstreben, die Hölle oder das Fegefeuer fürchten – wir alle sind Menschen und wir alle sind gleich. Wir alle sind toll wie wir sind und wir alle haben das Recht, an das zu glauben, was unserer Überzeugung und unsere Lebensphilosophie entspricht.

Meine Schwägerin ist überzeugte Christin. Sie schickt mir immer wieder eine Flasche Weihwasser aus der alten Heimat und ich freue mich sehr darüber. Ich verwende es auch und nehme es für Segnungen und Rituale. Ich mache kleine Kreuzzeichen damit auf die Stirn und das, obwohl ich eher an den Buddhismus glaube. Mein Neffe wird dementsprechend katholisch erzogen. Immer wieder ist er, während ich krank war, in die Kapelle und hat dort eine Kerze für mich angezündet. Auch darauf habe ich vertraut, dass das hilft. Ich sag immer, man kann nie genug Götter und gute Geister haben, die für einen da sind. Aus welchem Kulturkreis diese auch immer entspringen ist Nebensache. Das wichtigste ist immer, dass man glaubt und vertraut.

# Die tägliche Routine im Ayurveda

Wir haben bisher schon öfter darüber gesprochen, wie wichtig Routine im Leben ist. Routine ist eine Kraft, die dir Stabilität und Klarheit verschafft. Nimm nun zum letzten Mal dein Tagebuch oder den Notizblock zur Hand und schreib auf, welche Routinen du in deinem Leben hast. Was sind liebgewonnene Routinen und was ist Pflicht. Das Arbeiten-gehen ist zwar eine Routine und auch wichtig, aber muss nicht unbedingt eine liebgewonnene Routine sein.

Nun schreibst du auf, wie du Ayurveda als tägliche Routine mehr in dein Leben bringen möchtest. Mach dir einen Plan. Du hast mittlerweile einige Möglichkeiten kennengelernt und kannst nun schon sagen, was dich besonders anspricht. Es bringt nichts, wenn du dir etwas vornimmst, das du nicht umsetzen wirst, weil es dir nicht zusagt.

Es ist so wie mit den guten Vorsätzen zu Neujahr. Du kannst dir natürlich alles vornehmen und auch die besten Absichten haben. Im Endeffekt wissen wir aber schon im Vorfeld, was klappen wird und was nicht. Wenn du dir vornimmst das Rauchen aufzuhören, aber eigentlich gar nicht willst, dann hältst du es vielleicht einige Tage durch, wirst aber rückfällig. Wenn du dir vornimmst, mehr Sport zu betreiben und dich schon darauf freust, mit deiner Freundin dreimal pro Woche in den Aerobic-Kurs zu gehen, dann wird das sicher ein Vorsatz, den du gut durchziehen und durchhalten kannst.

So ist es auch mit deiner täglichen Routine. Kleinigkeiten, wie das morgendliche Ölziehen, lassen sich sehr einfach umsetzen. Du musst dafür aber auch alle Vorbereitungen treffen, damit sich dies auch unkompliziert umsetzen lässt. Stell dir deine Flasche Kokosöl oder Sesamöl ins Badezimmer. So hast du sie immer griffbereit, wenn du ins Badezimmer gehst. Wenn du aber jedes Mal erst in die Küche gehen müsstest, dann sieht es mit dem Erfolg bereits wieder viel schlechter aus. Wir sind einfach von Natur aus bequem. Ist etwas einfach in der Umsetzung, dann machen wir es auch. Ist etwas kompliziert und mühselig, so wird sich die Begeisterung dafür bald wieder legen – egal wie gut es uns tun würde. Ich nehme mich da auch gar nicht aus. Darum kann ich dir das auch so genau sagen, denn wenn ich jedes Mal vom Badezimmer im ersten Stock in die Küche im Erdgeschoss laufen müsste, dann würde ich nur sporadisch Ölziehen. Steht alles aber griffbereit da, dann wird es auch verwendet.

Kleine tägliche Routinen für den Bereich körperliche Reinheit sind jene, dass du zum Beispiel jeden Tag nach dem Aufstehen das Fenster weit öffnest und eine kurze Atemübung machst. Eine tägliche Routine kann auch sein, dass du auf dem Markt ein Stück frisches Obst und Gemüse mitnimmst. Du kannst auch das Glas Wasser am Morgen als tägliche Routine betrachten. Wie du früher automatisch zur Kaffeemaschine gegangen bist, wärmst du dir nun das Wasser auf und würzt es mit Gewürzen und Kräutern deiner Wahl.

Für deine Reinheit des Geistes bringst du Meditation und Achtsamkeit als tägliche Routine in dein Leben ein. Ehrlichkeit, Demut und Nächstenliebe sind Dinge, die du dir ebenfalls als tägliche Routine aneignen kannst. Mach es dir zur Routine, einmal pro Tag jemandem etwas Gutes zu tun. Mach es dir zur täglichen Routine, einmal am Tag einen Fremden anzulächeln. Mach es dir zur Routine, einmal pro Tag jemandem etwas Nettes zu sagen.

Mach es dir zur täglichen Routine, etwas in dein Tagebuch zu schreiben. Ich führe, wie gesagt, täglich mein Dankbarkeitstagebuch. Einfach, weil es wirklich, auch an dunkelsten Tagen etwas gibt, wofür wir dankbar sein können.

Mach es dir zur Routine, beim Kochen mindestens drei ayurvedische Gewürze zu verwenden. Mache es dir zur Routine, mindestens einmal pro Tag ein ayurvedisches Gericht zu essen.

Durch die tägliche Routine sorgst du für eine Stabilisierung der Energiegewinnung und erreichst damit, dass deine Doshas in einer ausgeglichenen Harmonie bleiben. Die Stabilisierung der Energie ist so wichtig, da - laut Ayurveda - der Körper krank wird, wenn du mehr Energie verbrauchst, als du produzierst. Das ist auch logisch und lässt sich mit dem normalen Menschenverstand erklären. Dein Konto wird auch immer schwächer, wenn du mehr Geld abhebst, als du nachfüllst. So ist es auch mit unserer Energie.

Kremple jedoch nicht dein gesamtes Leben auf einmal um, das würde dich überfordern und du würdest es auf Dauer nicht durchhalten. Ich weiß, ich habe dies bereits mehrere Male erwähnt, aber ich weiß genau wie es ist. Man erfährt von etwas Tollem, ist Feuer und Flamme und möchte sofort alles umsetzen. Die Euphorie verblasst jedoch sehr schnell und zurück bleibt nur ein fader Geschmack im Mund. Wenn du aber in kleinen Schritten dein Leben umstellst, dann kommt es dir nicht so vor, als würde sich viel ändern und es automatisiert sich langsam aber sicher. Du fühlst dich dann auch nicht, als müsstest du nun deiner Gesundheit zuliebe auf so viel verzichten. Nachhaltigkeit ist hier das Zauberwort. Bleibe einfach diszipliniert an der Sache dran, aber überfordere dich nicht mit zu viel auf einmal.

# Sind Fleisch und Alkohol absolute No-Gos?

Alkohol ist im Ayurveda ein absolutes No-Go. Vor allem, wenn du gerade eine Kur machst. Das mag für dich jetzt schrecklich klingen, ich lebe aber, wie gesagt, schon seit Jahrzehnten absolut gut ohne Alkohol. Du solltest auch beim Kochen keinen Alkohol verwenden und auch auf Süßigkeiten und Pralinen verzichten, die mit Alkohol gefüllt sind. Du kannst ja im ersten Schritt damit beginnen, auf Mon Cheri und Rumkugeln zu verzichten und auch beim Kochen den Weißwein gegen Kombucha-Essig auszutauschen. Glaub mir, man bekommt auch wunderbare Saucen ganz ohne Rotwein, Gin und Co. hin.

Beim Fleisch sieht es ähnlich, aber nicht ganz so streng aus. Viele Ayurveda-Anhänger essen dennoch Fleisch und es gibt auch sehr viele Rezepte, die Fleisch beinhalten. In meinem Buch wirst du auch etliche Fleischgerichte finden, auch wenn ich selbst kein Fleisch mehr esse. Wichtig ist jedoch immer, dass du beachtest, Fleisch nie mit anderen tierischen Produkten zu vermengen. Das bedeutet, Eier und Schinken sollten nicht zusammen konsumiert werden und auch Ragouts solltest du lieber mit Kokosmilch anstatt mit Sahne verfeinern. Eine Mahlzeit sollte immer nur ein tierisches Eiweiß beinhalten.

# Die häufigsten Vorurteile gegen Ayurveda

Die häufigsten Vorurteile gehen natürlich von der Schulmedizin aus. Das hat natürlich sehr viel mit Wirtschaftlichkeit und mit der enormen Macht der Pharmaindustrie zu tun. Egal welche Art von Naturheilkunde du auch betrachten möchtest, die Schulmedizin erkennt keine dieser wirklich an. Ich will jetzt nicht sagen, dass die Schulmedizin schlecht ist. Eine Blinddarmentzündung musst du natürlich operieren lassen und auch bei einem Herzinfarkt ist es wichtig, dass du so schnell als möglich medizinische Notfallhilfe erhältst. Doch Ayurveda und Naturheilkunde können dir bei beidem helfen, wieder schneller gesund zu werden. In vielen Fällen können dir jedoch gesunde Lebensweisen, Ayurveda und Naturheilkunde auch dabei helfen, dass es gar nicht erst so weit kommt, dass du wegen ernsthaften Krankheiten die Schulmedizin bemühen musst.

Auch wenn bereits viele wissenschaftliche Studien bezüglich Ayurveda existieren, so wird diese Lehre dennoch während eines Medizinstudiums nicht unterrichtet. Den neuen, jungen Ärzten kann man somit auch keinen Vorwurf machen. Sie geben nur das weiter, das sie gelernt haben und handeln nach bestem Wissen und Gewissen. Man kann ihnen höchstens den Vorwurf machen, nicht über den Tellerrand hinauszublicken und sich zu wenig für andere Dinge zu interessieren.

Das größte Vorurteil ist vielleicht jenes, dass Ayurveda keine Wissenschaft, sondern eine spirituelle und esoterische Geschichte ist. Es ist so, dass eine Wissenschaft aus Theorien und Thesen besteht. Sie stützt sich auf Annahmen und Resultate. Diese werden gesammelt, analysiert, ausgewertet und beurteilt. In der Wissenschaft gelten die Annahmen nur dann als wissenschaftlich bewiesen, wenn immer wieder dasselbe Resultat erzielt wurde.

Doch auch bei Ayurveda werden all diese Kriterien erfüllt. Die ersten Thesen und Theorien wurden bereits vor mehr als 5.000 Jahren notiert. Ärzte haben über Jahrtausende ihre Ergebnisse und Studien gesammelt, ausgewertet, analysiert und verglichen. Ayurveda besteht aus einem komplex ausgearbeiteten System. Es ist nichts, das sich ein Autor vor einigen Jahren ausgedacht hat, weil es sich nett und interessant anhört. Es steckt eine Menge Arbeit und noch mehr Erfahrung dahinter. Handlungsweise, sprich Karma, Eigenschaften, sprich Guna, Gleichgewicht, sprich Samyana und Substanzen, sprich Dravya, wirken hier zusammen. Hält man sich an diese Vorgaben, so erhält man auch immer dieselben positiven Resultate. So entspricht eigentlich auch jede ayurvedische Behandlung der verschiedensten Krankheiten den wissenschaftlichen Grundlagen.

Natürlich ist bei Ayurveda auch ein großer spiritueller Aspekt vorhanden. Dies ist der Grund, warum Ayurveda immer noch skeptisch beäugt wird. Doch in der heutigen Zeit erkennt man immer häufiger, dass auch die spirituelle Seite wichtig für Heilung ist. Jede Krankheit kann ihre Wurzeln auch in tiefen seelischen Konflikten haben. Doch die spirituelle Seite ist nur ein kleines Bruchstück von Ayurveda. Viel wichtiger sind hier die alten Lehren, die Tausende von Jahren gesammelt und überliefert wurden.

Ein weiteres Vorurteil ist, dass die Wirkung von Ayurveda nicht unmittelbar eintritt. Natürlich ist es einfacher, wenn du bei Kopfschmerzen eine Tablette einwirfst. Doch auch in der Schulmedizin kann nicht immer prophezeit werden, wie lange die Heilung dauern wird. In der Regel ist es so, dass der Körper eine individuelle Zeit für seine Heilung benötigt. Werden sofort und unmittelbar Verbesserungen durch Medikamente angezeigt, so liegt es daran, dass die Symptome beseitigt werden. Fiebersenkende Mittel sind hierfür der beste Beweis. Hast du einen grippalen Infekt und nimmst eine Tablette gegen Grippe, dann wirst du sofort kein Fieber mehr haben und dich auch dementsprechend besser fühlen. Du nimmst jedoch dem Körper somit auch die Chance, seine Selbstheilungskräfte zu aktivieren. Das Fieber ist zwar weg, die Infektion selbst aber sitzt noch in deinem Körper und wartet dort geduldig, bis sie wieder ausbrechen kann.

Ayurveda legt den Fokus auf Heilung und nicht wie die Schulmedizin auf Beseitigung der Symptome. Natürlich ist ein Kranker heilfroh, wenn die Symptome beseitigt werden. Wenn wir aber hinter die Fassade blicken, ist dies eigentlich schrecklich. Es ist, als würden die Krümel nur unter den Teppich gekehrt, aber nicht beseitigt. Du siehst die Krümel zwar ebenfalls nicht mehr, sie sind aber immer noch da. Hast du Kopfschmerzen, so nimmt dir die Tablette den Schmerz. Die Ursache wird jedoch nicht behoben und du wirst immer wieder Kopfschmerzen bekommen. Ayurveda aber bekämpft das Problem bei der Wurzel. Ayurveda sorgt dafür, dass du überhaupt keine Kopfschmerzen mehr bekommst.

In der indischen Heilkunst Ayurveda wird das Augenmerk darauf gelenkt, die Ursachen zu beheben. Nur so kann man eigentlich von Heilung sprechen. Ich selbst hatte ja vor mehr als 30 Jahren bereits eine Art Krebs. Damals wurde einfach das kleine Stück herausgeschnitten und gut war es. Es hat sich jedoch niemand die Mühe gemacht, die Ursache zu beheben. Der Krebs konnte also jahrelang schlummern und auf seine Chance warten, wieder auszubrechen. Nun aber habe ich das ganze Problem naturheilkundlich angegangen. Dadurch wird die Krankheit mit der Wurzel ausgerissen, ausgerottet und genau dann, nur dann kann man auch von Heilung sprechen. Ich möchte aber noch einmal betonen, dass dies meine persönliche Meinung ist. Ich bin kein Arzt, ich kann nur aus meinen eigenen Erfahrungen und von Erfahrungen vieler Freunde und Bekannter sprechen.

Jedenfalls ist es immer wichtig, die Ursache für einen Ausbruch einer Krankheit zu suchen. Auch wenn das mehr Aufwand bedeutet. Daher finde ich das Vorurteil sehr unfair. Wenn du konsequent nach Ayurveda-Manier kurierst, dann tritt auch hier nach etwa 24 Stunden eine deutliche Verbesserung ein. Bei chronischen Leiden und bei wirklich schweren Krankheiten kann es jedoch auch Monate dauern, bis sich eine deutliche Verbesserung zeigt. Ich selbst aber habe bereits nach wenigen Tagen eine absolute Verbesserung festgestellt und vor allem hat sich meine Lebensqualität wieder ins Positive gewandelt.

Oft wird behauptet, dass Ayurveda keine Nebenwirkungen hat. Doch auch das ist komplett falsch. Alles, was Wirkung hat, hat auch Nebenwirkungen. Diese müssen aber nicht unbedingt negativ sein. Eine Nebenwirkung zeigt lediglich, dass die Behandlung anschlägt. Wenn du zum Beispiel eine Panchakarma-Entgiftung machst, so wird zwar dein Körper von allen Schlacken und Giftstoffen befreit. Du kannst aber dadurch auch Ausschläge und Vergiftungserscheinungen bekommen. Das resultiert daraus, dass sich die Gifte auch über deine Haut aus dem Körper verabschieden. Das kann natürlich kurzfristig deine Haut reizen. Daher ist es wichtig, dass du auch Ayurveda-Behandlungen immer unter ärztlicher Anleitung und von Spezialisten durchführen lässt. Du würdest dir deine Ohrringe oder dein Tattoo auch nicht vom Metzer nebenan machen lassen, nur weil er sagt, er kann es. Professionelle Unterstützung ist also auch im Ayurveda das A und O, wenn es um wirklich gravierende Dinge geht. Deine Doshas im Einklang halten, das kannst du natürlich ohne Risiko ganz alleine schaffen.

Auch wenn du zum Beispiel auf Ayurveda-Küche umsteigst, können Nebenwirkungen auftreten. Es kann sich deine Verdauung ändern und es können Verstopfungen oder Durchfälle, aber auch Ausschläge auftreten. Auch hier kommt es daher, weil dein Körper entgiftet und plötzlich anders arbeitet. Ein Magen, der bisher nur auf Burger, Hot Dogs, Pizza und Co. eingestellt war, der kann natürlich zu Beginn von frischem Gemüse überfordert sein.

Oft wird auch gesagt, dass man zuerst die Schulmedizin konsultieren sollte, bevor man mit Ayurveda weiter heilt. Das kann jedoch absolut nach hinten losgehen. Durch die Schulmedizin kann eine chronische Krankheit erzeugt werden. Gerade durch die ewige Einnahme von Medikamenten und einer Erzeugung von Resistenzen kommt dies sogar sehr häufig vor. So kann aus einem kleinen Husten eine chronische Bronchitis werden. Hätte man diese gleich mit Ayurveda behandelt, so wäre dies viel einfach gewesen. Aber das ist eine Sache, die jeder für sich entscheiden muss. Wichtig ist nur, dass du auf jeden Fall über deine Möglichkeiten Bescheid weißt, darüber nachdenkst und deine Möglichkeiten auslotest.

# Schlusswort

Ich bedanke mich, dass du mit mir diese Reise gemacht hast und hoffe, dass ich dir einige spannende Stunden bescheren konnte. Ich weiß, dass Ayurveda nicht das einfachste Thema ist und es ist mir auch durchaus bewusst, dass wir mit diesem Buch nur die Oberfläche angekratzt haben. Doch für den Beginn ist es schon eine ganze Menge, die du hier erfahren hast. Ich hoffe, ich konnte dir mit meinen Anregungen wertvolle Tipps geben, wie du dein Leben auf angenehme Weise umstellen kannst. Ich wünsche mir, dass ich dein Leben auf die eine oder andere Weise erleichtern konnte und dass ich dich neugierig gemacht habe, auf den Ayurveda way of life.

Wie schon erwähnt, kannst du mich jederzeit über meine Facebook Autorenseite unter Ulli Baumgartner erreichen. Dort werde ich auch immer wieder Tipps zu meinen Büchern und Themen abgeben. Ich freue mich auch, wenn du mir unter UlliPezi auf Instagram folgst. Dort findest du immer wieder coole Rezepte, nicht nur zu Ayurveda, sondern vegane Gerichte allgemein. Zudem geht es auf meinen Seiten immer um ein glückliches und unbeschwertes Leben. Und genau das ist es doch, das wir uns wünschen. In diesem Sinne möchte ich mich von dir für heute verabschieden und wünsche ich dir ein zauberhaftes, gesundes und ausgeglichenes Leben. Habe viel Spaß bei deinen Yogaübungen, Meditationen und Atemübungen und vor allem, pass auf dich, deinen Körper, deinen Geist und auch deine Seele auf.

Namaste und bis zum nächsten Mal, deine Ulli Baumgartner

# Bonus: Tolle Frühstücksideen für deine Doshas

## Frühstücksbowl für Kapha-Typen

Zutaten:

1 Tasse gekochter Reis | 50 Gramm gemischte Beeren | 1 getrocknete Feige | 1 TL Chia Samen | 1 TL Flohsamenschalen | 1 EL Nüsse gehackt | 40 ml Kokosmilch | 1 EL Honig oder Dattelsüße

Zubereitung:

Erwärme den gekochten Reis in einem Topf mit der Kokosmilch und der Dattelsüße. Hacke die getrocknete Feige klein und rühre sie mit den Chia Samen, den Flohsamenschalen und den Nüssen unter. Fülle den heißen Reis nun in eine Schüssel und garniere ihn mit den gemischten Beeren. Du kannst frische Beeren, aber auch Tiefkühl-Beeren verwenden. Für Kapha-Typen eignen sich auch Äpfel, Birnen, Mangos, Kirschen oder Pflaumen und Rosinen. So kannst du dein Frühstück immer abwechslungsreich gestalten.

## Frühstück für Vata-Typen

### *Porridge mit Kurkuma, Zimt und Birnen*

Zutaten:

1 Birne | 5 EL Haferflocken | 1 EL Kokosraspeln | 150 ml Sojamilch | ¼ TL Zimt | etwas Kurkuma | etwas Ingwer frisch gerieben | Kokosblütenzucker oder Dattelsüße

Zubereitung:

Die Hälfte der Birne schneidest du in kleine Stücke, die andere Hälfte der Birne raspelst du fein. Die geraspelte Birne gibst du mit den Haferflocken, den Kokosraspeln und der Sojamilch in einen Topf. Lass nun alles einmal aufkochen und würze den Brei mit Zimt, Ingwer und Kurkuma. Süße alles mit Kokosblütenzucker oder Dattelsüße und hebe die gewürfelten Birnen vorsichtig unter. Nun fülle alles in eine Schüssel, lass den Brei noch 15 Minuten quellen und genieße das Frühstück. Du kannst den Brei auch wunderbar am Vorabend vorbereiten. Am Morgen solltest du ihn nur kurz in einem kleinen Topf erwärmen, denn es ist wichtig, dass du das Frühstück warm genießt. Dies tut deinem Körper besser als ein kaltes Frühstück.

## Frühstück für Pitta-Typen

### *Leckerer und fruchtiger Frühstücksbrei*

Zutaten:

1 TL Kokosöl | 2 EL Haferflocken | 1 EL Weizenflocken | 1 EL Dinkelflocken | 2 EL Gerstenflocken | 250 ml Hafermilch | Zimt | Koriander | Kardamom |

Kurkuma | 1 Prise Pfeffer schwarz | ½ Mango | ½ Granatapfel | 1 Pflaume | Honig nach Belieben

Zubereitung:

Röste die Flocken im Kokosöl schön dunkel an und gieße sie mit der Hafermilch auf. Gib nun die Gewürze hinzu und lasse die Flocken unter ständigem Rühren für 10 Minuten köcheln. Nun schneide das Obst klein und rühre alles unter. Nimm nun den Topf vom Herd und fülle alles in eine Schüssel. Du kannst den Brei nach Belieben mit Honig süßen. Auch diesen Brei kannst du bequem am Vortag zubereiten und vor dem Essen nur kurz in einem Topf erwärmen. Bitte verzichte jedoch darauf, den Brei in der Mikrowelle zu erhitzen – Mikrowelle ist ein absolutes No-Go.

# Mehr von Ulrike Baumgartner

## *"Das Buch der 7 Chakren"*

https://link.cherrymedia.de/SH019

## *“Namaste Ayurveda - das spirituelle Kochbuch”*

https://link.cherrymedia.de/SH015

## *"Resilienz mit System"*

https://link.cherrymedia.de/SH016

# *“das Sirtfood Manifest”*

https://link.cherrymedia.de/SH016

# *"Minimalismus in der Praxis"*

https://link.cherrymedia.de/SH016

# Zugangscode - Kostenfreies Kochbuch

Gehen Sie auf **https://link.cherrymedia.de/ayuKB** oder scannen Sie den folgenden QR-Code um Ihr kostenfreies e-Book herunterzuladen.

# Zugangscode - Kostenfreies e-Book

Gehen Sie auf **https://link.cherrymedia.de/EPUB** und geben Sie Ihren Zugangscode ein um Ihr kostenfreies e-Book herunterzuladen.

**U633-O873-UTRM**

# Index

## Y

Printed in Poland
by Amazon Fulfillment
Poland Sp. z o.o., Wrocław

47302956R00116